JN294198

南海トラフの巨大地震にどう備えるか

日本科学者会議 編

本の泉社

はじめに

牛田　憲行

駿河湾から日向灘にかけての南海トラフは、これまでくり返し東海、東南海、南海の巨大地震を引き起こしてきました。これらが連動して発生した場合には、関東から九州地方にわたる広範な範囲で、東北地方太平洋沖地震を大きく超える甚大な被害が発生すると予想されています。内閣府に設置された南海トラフの巨大地震モデル検討会が昨年8月に発表した被害想定では、最大規模の地震が発生した場合、東海地方が大きく被災するケースで最大32万人の死者が見込まれ、またこの3月18日には経済的な被害は多く見積もって220兆円にのぼり、被災者が950万人との想定も出されました。

3・11で想定外という言葉が氾濫しましたが、自然には想定外はありません。かつて寺田寅彦は「『自然』は過去の習慣に忠実である」という名言を残しています。日本の地底には過去の大震災や津波の痕跡が残っていて、地道な調査により少数ではありましたが研究者から警鐘が鳴らされていました。ところがそれは3・11にすんでのところで生かされなかった。そういった経験による強い反省から、南海トラフの巨大地震については内閣府の検討会では、科学的知見に基づくあらゆる可能性を考慮した最大クラスの巨大地震と津波が想定されており、これが先ほどの大きな数字になっています。

日本科学者会議は1965年に創立され、日本の科学の自主的、総合的発展を願って、また科学者としての社会的責任を果たすために、文系・理系という学問の壁を乗り越えて、いろいろな活動やシンポジウムを行っている全国組織です。岐阜、三重、愛知、静岡の東海4県の四つの支部が合同して、2年に一度、東海地区のシンポジウムを行っており、2013年度は市民の一大関心事である「南海トラフの巨大地震にどう備えるか」という題で、研究者、自治体関係者、市民に向けてシンポジウムを2013年4月20日に愛知大学名古屋校舎で開催しました。巨大地震のメカニズムとその備えの問題から東日本大震災の復旧の現状と教訓、浜岡原発の問題、三重県における過疎地自治体における防災行政の問題、津波防災の教育実践論まで、既成の組織ではできない広汎で学際的な内容のシンポジウムは、参加した方々から大変好評でぜひ今後も継続してほしいとの感想がよせられました。〈感想の一部を表紙とp86に掲載しました。〉

そこでシンポジウムの五つの講演を若干加筆修正したものをここに収録しました。一般向けの語り口のわかりやすい講演内容は、必ずやみなさんに何らかのお役にたつものと自負しております。自然災害を避けることは不可能ですが、被害を最小限に食い止めることは可能であり、これがすべての人々に問われていることではありませんか。

なお、各講演をもとにやや専門的な学術論文としたものが日本科学者会議の月刊機関誌である『日本の科学者』2013年10月号に載せられていますのでご参照ください。なお、綱島氏のものは同誌2012年3月号掲載の論文もご参照ください。また、地震と津波、防災について第一線の研究者が総合的にまとめた『地震と津波――メカニズムと備え』(日本科学者会議編・本の泉社・2012)をあわせ御一読いただくことをお勧めします。

(編集責任者・シンポジウム実行委員長)

◉もくじ◉

駿河・南海トラフの巨大地震に備える
――さらなる超巨大地震の可能性もみすえて――

古本　宗充

今日は、今ご紹介があったように南海トラフでどのようなことが起きているのかということも含めて、西南日本の巨大地震についてお話をさせていただきます。ただ東北地方太平洋沖地震という超巨大地震の発生により、これまで日本列島付近の地震として考えてきたモデルが不十分だとわかり、今はその修正が行われている段階です。超巨大地震についてわかってきたことも多いのですが、残念ながらまだよくわからないところも多いのです。今日のテーマである駿河・南海トラフ沿いの巨大地震でも、最悪の場合に何が起きるかよくわからない状態になっています。そのため駿河・南海トラフ沿いの地震について述べようとしても、まだ不十分なのではと思われる点がある一方で、ここまで悪く考える必要がないのではと思うような部分もあります。しかし東日本大震災を経て、もう一度いろいろな可能性を見直すということで、想定をできるだけ広げようと努力した結果です。そのような点を踏まえながらお聞きいただければと思います。

プレートと巨大地震

まず駿河・南海トラフ沿いでどのような地震を考えるかということから始めます。ご存知の方が多いとは思いますが、基礎となるのはプレートテクトニクスの概念です。それに基づいて海で発生する巨大地震の起こり方から出発します。

図1（P17）は西南日本の太平洋側の海底地形を示したものです。陸地から海底へはなだらかに下るのではなく、かなり急で所々に段差があるような下がり方をして、大洋底と呼ばれる比較的平らな海底につながります。この地形の境目は図で見てもかなりはっきりとわかります。駿河湾にある谷状の地形から始まり、南西へ伸びる線状の構造が見えますが、それが境目です。この境目部分は周りより少し深くなっており、溝や飼い葉桶という意味のトラフと呼ばれます。これとは別に海溝もしくはトレンチと呼ばれるものもありますがこれはもっと深い溝状のものをさします。極端に深くないものをトラフと呼んでいます。駿河湾内の部分を駿河トラフと呼び、その南西側の延長部が南海トラフです。この南海トラフはさらに伸びて、図では見えませんが、琉球海溝へ続きます。この南海・駿河トラフがプレートの沈み込み口であるということもよく知られていると思います。日本列島周辺で地震が多いというのは、図2のように日本列島付近で四枚のプレートが押し合いへし合いしているからというのもご存知かと思います。今考えるのはフィリピン海プレートとユーラシアプレートと呼ばれる二枚のプレートです。西南日本の乗るユーラシアプレートの下へフィリピン海プレートが沈み込んでいます。

プレートそのものの沈み込みを単純に図3のような動く歩道にたとえてみます。手前の固定した床が陸地のプレートで、動く歩道がフィリピン海プレートです。動く歩道は手前側へゆっくり動いてきて沈み込んでいきます。動く歩道と手前の床との間の「くし」の部分がトラフです。歩道は人が歩く早さ程度で移動しますが、実際のプレートは一年で数センチという速度です。これは人の指の爪が伸びる程度の速度で、精密な測定をしなければわからない非常にゆっくりとした速度です。くしの部分に引っかかるようなものがなければ、歩道の沈み込みは何事もありませんが、もし大きなゴミなどが引っ掛かるとガクガクと振動が起きることになります。これが地震だとお考えください。

図4では右側からフィリピン海プレートが沈み込む様子を表しています。動く歩道のようにプレートが接する部分で引っ掛かりがなければ何事もないのですが、実際には二つのプレートはある程度の力で固着している、つまりぴったりとくっついています。プレートは岩石でできていますから、その境界では粘土等の鉱物と水があり、時間が経つとレンガの間のセメントのように固着するのだと私は考えていますが、通常は摩擦の理論を適用します。いずれにしても、この固着により図4の上図のように海側のプレートが沈み込むにつれて陸側のプレートが引きずり込まれていきます。陸側のプレートが徐々に曲げられますが、岩石にはばねのような性質がありますから、元に戻ろうとする力が段々と強くなっていきます。実際には海側のプレートも岩石なので同じようにゆがむはずですが、ここでは無視します。この戻ろうとする力がプレート境界の固着の力を上回った時に、くっついていた部分が切れて陸側がはねあがります。この時の衝撃が地震波となり、海底の上下変動が津波を起こします。

図5にありますように、フィリピン海プレートが沈み込んでいる場所では、だいたい100年周期で地震が起きていて、江戸時代の1700年代の宝永年間、1800年代の安政年間、そして1940年代に起きています。そこでなぜ100年前後の周期になるのかを説明するために、プレートの動きを単純に模式化したのがこの図6です。上の図で、ばねを引く力はプレート運動を起こす力を、ブロックの下面の摩擦はプレート同士の固着力を、ばねが伸びることは陸側のプレートが曲ること、そしてばねの性質は弾性と呼ばれますが岩石の弾性を表します。

下の図で縦軸はばねの伸びの大きさに対応します。図のようにばねの一方を矢印の方向に一定の速度で引っ張っても、ブロックは下面での摩擦のため止まったままです。そしてばねが徐々に伸びることになりますが、ばねが縮もうとする力が摩擦力に勝った時点でブロックがすべりばねが縮みます。またばねを引っ張り続ければ、ばねが伸びてブロックが滑るということをくり返すことになります。

どれ位ばねが伸びたらブロックが滑るかはばねの強さと摩擦の強さによって決まります。実際の地震の場合では、ばねに相当する長さを巨大地震の断層の幅である１００km程度とすると、地面の曲がり量が数メートルになった時プレート境界の固着を切る力と同程度になります。１mの長さでみると０・１㎜弱の曲げに相当します。プレートが沈み込む速度が年間数センチメートルですから、これをばねを引く速さに当てはめると、ブロックがすべる周期すなわち地震の周期がおよそ１００年前後となります。実際に西南日本で起きた地震を挙げていくと図７のように90年から１５０年で起きていたことが知られています。自然のゆらぎを考えると平均１００年の半分や２倍に当たる50年から２００年程度の範囲でくり返すと考えるのがいいかもしれません。

東海地震説とその後

ところで今から40年近く前、石橋さんという方がお調べになったことなのですが、およそ１００年ごとに起きるはずなのに、なぜか最後の１９４０年代の地震では駿河湾近辺で断層運動が起きませんでした。そのため追いかける形でいずれ駿河湾を中心に大地震が起きるのではないかとしたのが東海地震説です（図８）。現在までのところこの説が的中してはいませんが、先ほどの自然のゆらぎの範囲で考えればまだ警戒をすべきかもしれません。なお、この部分が一回跳ばしになるという理屈もありますが、ここでは省略します。

このようにいつも全域が同時に断層運動を起こすわけではないことなどから、沈み込むプレートがいくつかのセグメント（部分）に分かれていて、個々に地震を起こす可能性があるのではないかと考えられます（図９）。

とはいえ一枚の岩のプレートですから、一部のセグメントだけが先にどんどん沈み込んでいるのに、隣りのセグメントの沈み込みはずっと止まったままということはないはずです（図10）。多少の遅れ進みがあっても、ある程度揃って沈み込むはずです。隣り合ったセグメントが同時、つまり連続して動いても不思議ではありません。これが連動型地震と考えられるものです。先ほど触れた安政の巨大地震では、東南海と東海のセグメントが連動したと考えられます。その前の宝永地震ではさらに南海地震のセグメントも連動して、三つのセグメントが一度に運動したようです。

先ほど触れた東海地震説が出された時は昭和の巨大地震後、まだ30年しか経過していませんでしたが、現時点ではすでに70年あまりが過ぎてしまいました。くり返し時間が50〜２００年程度の幅をもつとしたら、その幅に入ってきてしまいました。今や駿河・南海トラフのどこで次の大地震が起きてもおかしくない時期になってしまったといえます。東海のセグメントで起きた地震を引き金に東南海、南海のセグメントが連動する可能性や、逆に南海の地震が先行して東海地震までが連動する可能性もあります。それらのうち東海地方を中心にした時に注意すべき地震のタイプをまとめてみたのが図11です。次の時にどのタイプの地震が起きるかわかりませんが、防災・減災の立場からいえば、色々なタイプの地震があり得ることを想定しておくことが重要です。もちろんこのなかで宝永地震型が最も大きな被害をもたらすことになります。

大津波を起こす地震の可能性

さらに研究が進んだことによりもう一つ別の問題も浮かび上がってきました。図12は1605年の慶長地震と1707年の宝永地震による津波の高さを比べて示したものです。慶長地震はかなり昔の出来事なのでデータが完璧ではありませんが、慶長と宝永の津波の高さはそれほど変わりがないようです。一方地震の揺れでどのような被害があったかという記録を見ると、慶長地震の方が揺れが弱い。つまり慶長地震では地面の揺れのわりに津波が大きかったことがわかります。ほかにも同じような例があります。図13は1995年当時の岩手県の(旧)田老町で撮ったものです。昔の大津波がここまで来たという標識が崖に掲げられていました。下が1933年昭和三陸地震の時でその上が1896年の明治三陸地震の時のものです。これらもかなり高いですが、東日本大震災ではさらに数メートル上まで津波が通過しました。

明治三陸地震と1968年十勝沖地震とを震度分布図で比較してみますと、図14のように十勝沖地震に比べ明治三陸地震の揺れは非常に小さかったのです。一方、先ほどの写真のように津波は明治三陸地震では非常に大きかったのですが、十勝沖地震ではそれに比べれば大きな津波とはなりませんでした。明治三陸地震で地震の揺れが小さかったのは、断層が陸地から離れた場所にあったということも理由の一つですが、それ以上に浅い断層がゆっくり滑ったからではないかとされます。

慶長地震と宝永地震の関係も似たものだったのではないかと考えられます。宝永地震では陸地寄りで激しく滑ったため揺れが大きかったが、慶長地震では海溝寄りの浅い部分で大きくゆっくり滑ったため地震の揺れは大きくはなかったけれど津波が大きかったと考えるわけです（図15）。津波よりも揺れが恐い地震と、揺れよりも津波が恐い地震の2種類があり、先ほどの横方向のセグメントとは別に陸寄りと海溝寄りの領域で起きるタイプと大別されるようになってきました。

将来の巨大地震――色々な可能性

そうしますと、先ほどは図16の右側だけの区別でしたが、左側のパターンも考えなくてはなりません。慶長地震のタイプの地震です。浅い断層にもセグメントがあるかもしれないのですが、その切れ目がどこになるのかはわかりません。過去に起きていたかもしれない海溝寄りの一部のセグメントによるものを表すために「？地震型」というのを入れてあります。この地震も含めて、大きく分けて図に描いたような五つが将来起こりうる地震のパターンであると考えてきました。

しかし、そうこうしているうちに東北地方太平洋沖地震が起きました。この図17は東北地方太平洋沖地震時の断層の滑り量を解析したものです。地震波を元にしたものと津波を元にしたものを見比べます。津波を元にした赤色の領域を見ると海溝寄りの領域が滑る慶長地震型なのですが、地震波を元にした黄色の領域は陸寄りの宝永地震型といえます。このことから慶長地震型と宝永地震型の二つが同時に起こる場合もあり、その時は超巨大地震になるとわかりました。

高知大学の岡村さんたちは高知市などでボーリング調査を行い、過去の津波を調べています。その報告によれば、１００年くらいでくり返す巨大地震のものと考えられる津波堆積物よりも厚い堆積物が、約２０００年前に堆積しています。堆積物の厚さが津波の高さをある程度反映しているとすると、くり返し起きる巨大地震に加えてより長い間隔で非常に大きな津波が起きる場合があるように見えます。そしてこれが東日本で起きたような超巨大地震と同じような地震を示しているのではないかと考えられるようになりました。

さて長々と話をしてきましたが、これらを考え合わせると、今後起こりうる地震の想定パターンは図18のようになり、このうち最も大きな規模も想定した減災・防災の対応も必要になってくることになります。ではそのような超巨大な地震が起きた時、どのような災害が予想されるかに話しを移しましょう。これまでに日本が経験したいくつかの震災では山崩れや液状化、建築物倒壊と火災、津波等とさまざま起きましたが、これら全部がいっぺんに西南日本の広域で起きることになります。

巨大地震からの強い地震動

最初に山崩れや建物損壊をなどをもたらす強い揺れから見ていきます。西南日本の全域で、山間部と平野部でそれぞれ山崩れと液状化が起こる可能性があります。全域というのは本当に全域で、内陸部はもちろん日本海沿岸部までも含めた地域とお考えください。地震災害でいえば、２００４年新潟県中越地震の時に多数の崖崩れなどが起きたことを思い出していただきたいわけです。あのようなことが各地で起きる可能性があるということです。また崩れるのは崖や山だけではなく、高速道路などの盛り土や斜面を切って作った道路の法面などの崩壊も起きます。２００９年に駿河湾でマグニチュード６・５の地震が起きましたが、この時東名高速道路の路肩を含む法面が崩落したことを覚えている方も多いと思います。この時は地震がさほど大きくなかったこともあり局地的なことだったのですが、西南日本の全域で同様のことが起きれば、幹線道路がいたる所で不通になるという事態が起きることになります。日本列島の形状が駿河・南海トラフの沈み込みを反映しているため、東名や名神高速道を始めとする東西をつなぐ幹線道路・鉄道と巨大地震の断層が平行になっています。つまり多くの部分があまり断層からはなれない場所にあり、多数の場所で寸断される可能性を秘めています。一方液状化も道路の破壊をもたらします。さらに液状化は港の被害を起こす可能性が高いです。港は必然的に平野の海岸部に作られます。埋め立て地はもちろん元々海面よりは高かった土地だったとしても、軟弱で液状化を起こしやすい地盤といえます。強い地震動により多くの港が使えなくなる可能性が高いわけです。この道路や港が使えなくなることについての問題点は、後で少し触れたいと思います。

東日本大震災の場合、短い周期でガタガタと揺れるような強い地震波がどこからきたのかというと、図19を見てください。範囲は図17と同じですが、この図は短周期の地震波を使って、どこから波が出たかを求めたものです。プレートのずれた範囲のうち青色で示された、面積にして20～30％の領域から発射されたことがわかりました。研究者によって場所や大きさに多少の差がありますが、断層の西側部分つまり深い部分にいくつかの強震動を発生した領域があると考えられます。では将来の西南日本での大地震に備えるためには、このような強い揺れを発生する領域はどこかとなりますが、残念ながら地震が起きてみないとわからないというのが実情です。ただ昭和の南海地震と東南海地震などについては多少データがあります。また強い揺れを起こす領域は断層の深部側、つまり陸側部分にあることもわかっています。このようなデータなどに基づいて予測したものが図20〜22のようになります。なおこれは内閣府の防災会議というところが報告したもので、報告書はインターネットなどで詳しく見ることができます。図20は断層運動の起きる範囲と強い地震動を出す領域が示されています。今述べましたように、強い地震動を起こす領域についてはよくわかっていないので、いくつかの場合が想定されています。図20は地震動としては最も被害が出そうな想定の例を示しています。図21はその時の震度分布で、図22は伊勢湾周辺だけを拡大したものです。非常に強い揺れが西日本の広い範囲を襲うことが予想されます。あまりのすごさに住民に「諦め」が拡がっているという報道も見たことがありますが、これを見て諦めてもらうのではなく、少しでも備えてもらうことが必要です。先ほど強い地震動で山崩れや液状化などの地盤災害が起きると述べました。こうした地盤災害は個人の努力であまり防げるものではないですが、自分が住んでいる付近でどこが危ないかなどの注意はできるかと思います。地盤災害での減災の努力を自治体などが積極的に進める必要があります。

平野部での強い揺れ

東北地方太平洋沖地震と今予測される駿河・南海トラフの地震との大きな違いは、断層が陸の下まで広がっているということです。前に述べたように、図20の格子部分は断層があるとされるところで、緑色の領域が強い地震波を出す領域です。断層の半分くらいの領域が日本列島の陸地の下にあります。東北の場合は全体が海域の下になっていました。駿河・南海トラフ沿いの巨大地震は本来は海溝型地震と呼ばれるタイプの地震ですが、都市直下で起き大きな被害をもたらす地震の呼び名に使われる、直下型地震の性質をもつということになります。これは震災の要因という観点からはかなり深刻な点です。なぜなら、一つにはここで議論しているような巨大地震ではもともと断層での滑り量が非常に大きく、強い地震波が地表に向けて発射されることが想定されるわけですから、それが近いということはより深刻なわけです。しかもその断層が近い海岸部にはいくつか広い平野が広がっています。そこには多数の都市があります。都市以外も含めて人口が非常に多いところです。なお沈み込むプレートの境界にできる断層ですから、陸側に向かって下がっている断層面になり、陸地の下では断層が30～40㎞の深さになります。断層が深い分だけ都市が断層から離れていることは、少しは良い方の要因と考えたいところです。しかし少し前に述べたように、強い地震動を出す領域が断層の深い部分にあることを考えますと、この部分は平野や都市に近いことになり、距離が離れる分を帳消しにする方向に働きます。また平野部は軟弱な地盤の部分が多いので、地震動が増幅されて一層大きくなる可能性が高い地域です。

この数十年間の間に都市は比較的地盤の良かった地域から軟弱で地震に弱い地盤の地域に拡大しました。地震に備えることを意識しながらの拡大でなかったことは明らかです。一方旧市街地では古い建物を残したままの地域も多いはずです。断層の上に当たる都市では１９９５年阪神淡路大震災における神戸のような惨状になってしまう可能性があります。また断層から離れているようにみえる場所でも、平野などの低地では軟弱な地盤の部分が多いので、大きな揺れになると予想されます。とくに古い家屋に住んでみえる方は、地震に耐えられるかの診断を行って、家屋の耐震化をぜひ考えていただきたいです。ここではこれ以上触れませんが、阪神淡路大震災の時のことを思い浮かべていただければ、家屋やビルなどの倒壊やその後の火災だけでなく、電気、ガス、そして上下水道といった、いわゆるインフラストラクチャーに大きな被害がでることが明らかです。その対策も考えておく必要があります。

都市の被害という点でとくに付け加えておきたいことがあります。それは大都市部における食料確保の重要性です。地震後にできるだけ早い救援が必要ですが、前に述べたように港湾、道路、鉄道などが山崩れや液状化によって破壊され、主要な交通・運輸網が機能しなくなっている可能性が高いです。つまり地震発生後かなり長い間救援物資が十分に届かない可能性が高いです。とくに都市部ではこの遅れがより深刻なのではないかと恐れています。その間医療や衛生環境などもどう確保するかの問題がありますが、さしあたり食料をちゃんと手に入れる必要があります。避難所に行っても食料が無いと考えるべきですし、日常頼っているコンビニやスーパーの在庫はすぐに底をつくはずです。備蓄食糧も都市機能が無くなっている時にはうまく配分できないのではないでしょうか。とくに本来ならば救援の拠点となるべき県庁所在地自体が救援を要する都市になる可能性が高いわけです。このように考えると、大きな都市に住む人はせめて家族が1週間から10日は自前の食料で生き延びることが求められています。本当はもっと長い方が良いと考えます。もちろん電気がこないはずですから、冷蔵庫で保存しなければならないような食料ではだめです。

被害を起こす地震動としては、近年長周期地震動と呼ばれる地震動が問題視されるようになってきました。これはガタガタと揺れる地震動ではなく、周期が数秒より長くゆっくりと揺れる地震動です。普通の家屋ではこうしたゆっくりとした揺れはあまり問題になりませんが、数十階やそれ以上の高層ビルでは大きな問題になります。平野部の都市ではマンションを含めて高層ビルが多く建てられています。細かい理由は省略しますが、濃尾平野や大阪平野など大きな平野では若くて柔らかい堆積層が厚いことなどから、大きな振幅で揺れる長周期地震動が

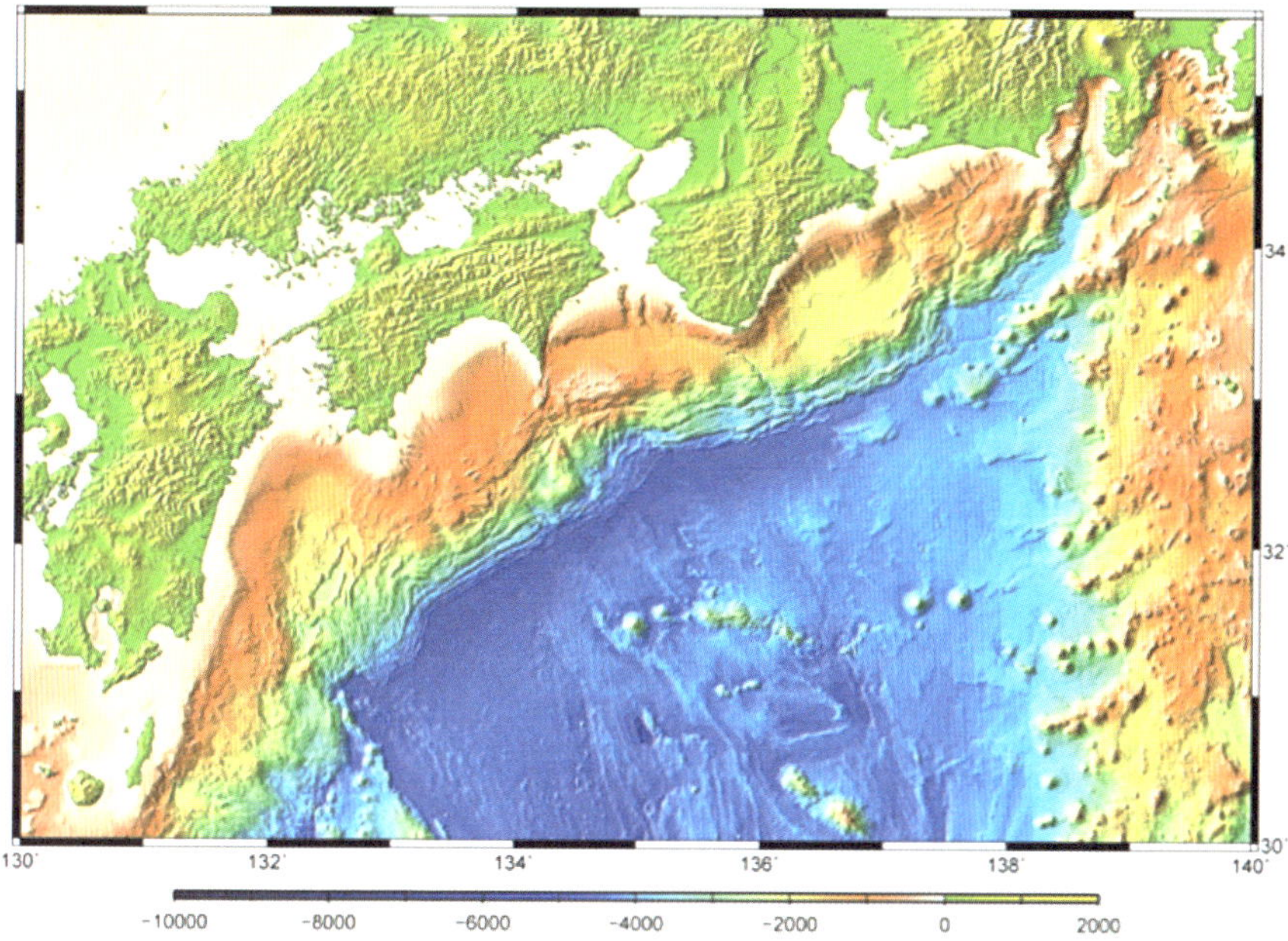
34°
32°
30°
130°
132°
134°
136°
138°
140°
-10000
-8000
-6000
-4000
-2000
0
2000

図1

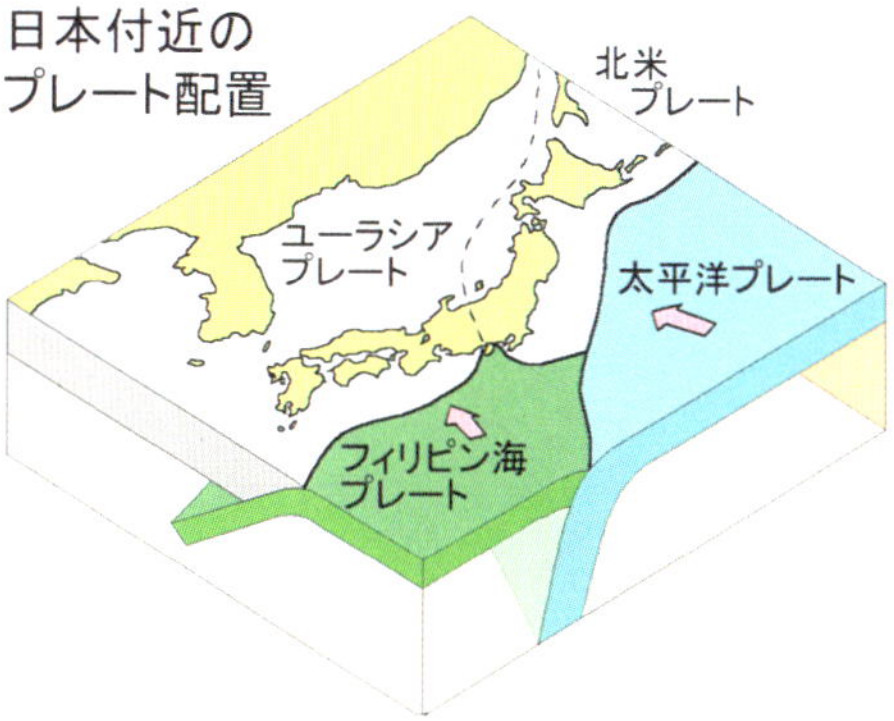
日本付近の
プレート配置
北米
プレート
ユーラシア
プレート
太平洋プレート
フィリピン海
プレート

図2

図3

沈み込むプレートと地震・津波

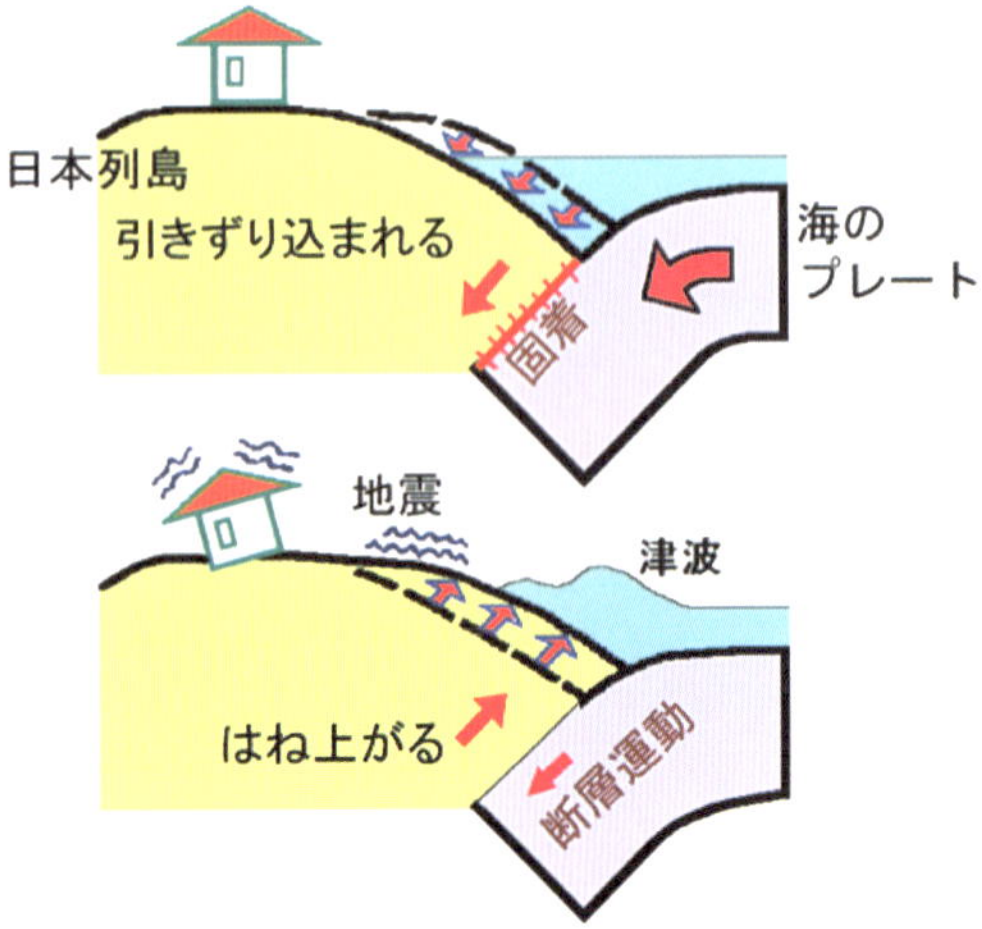

図4

西南日本における
巨大地震のくり返し

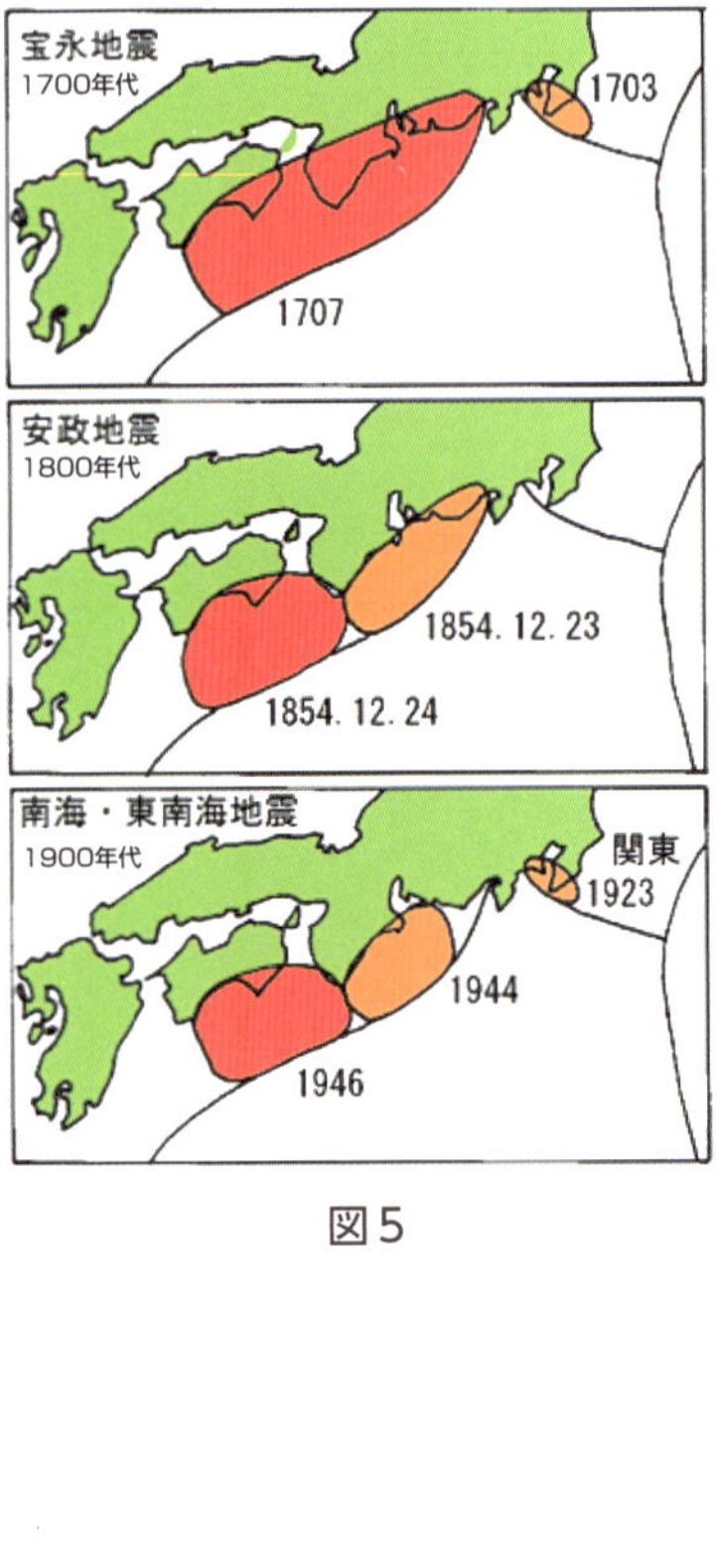

図5

海溝型地震の単純なモデル

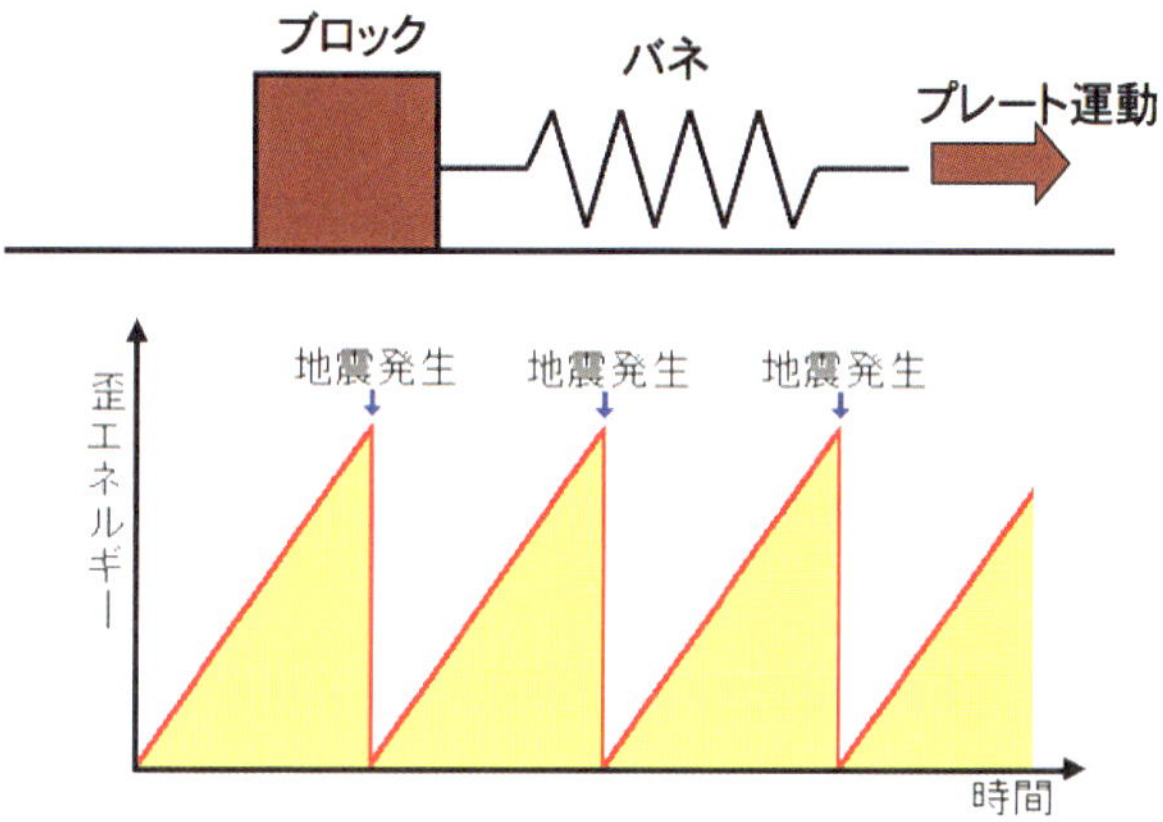

図6

100年程度間隔
でのくり返し

1600年代以前も同様
であったと考えられる

前回は東海領域が未破
壊のまま終わった

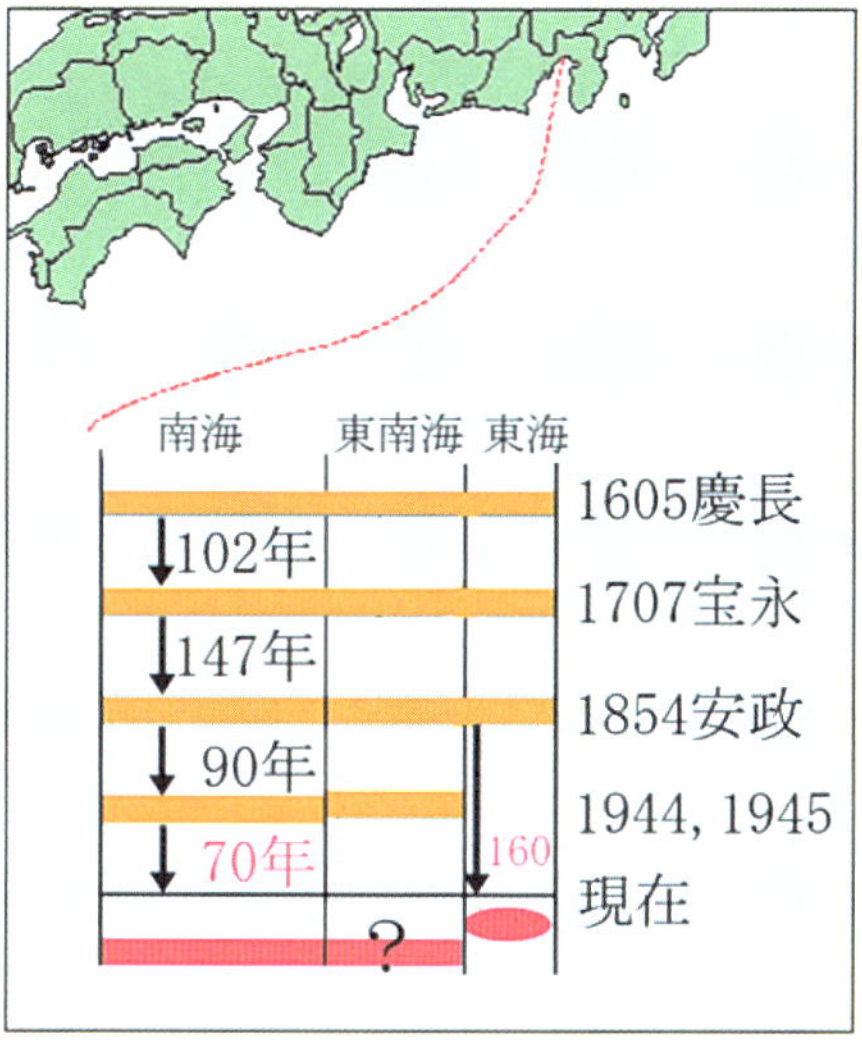

図7

「次の」巨大地震は？

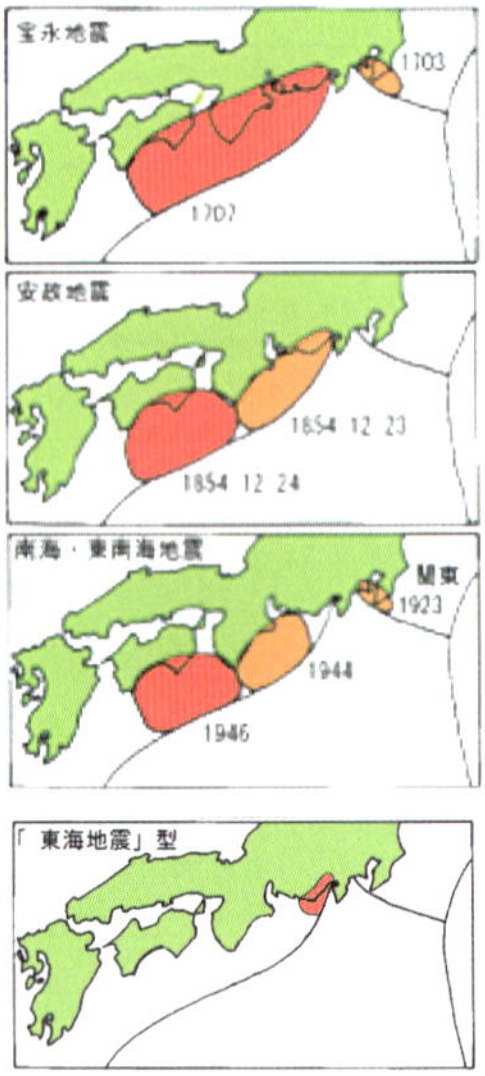

図8

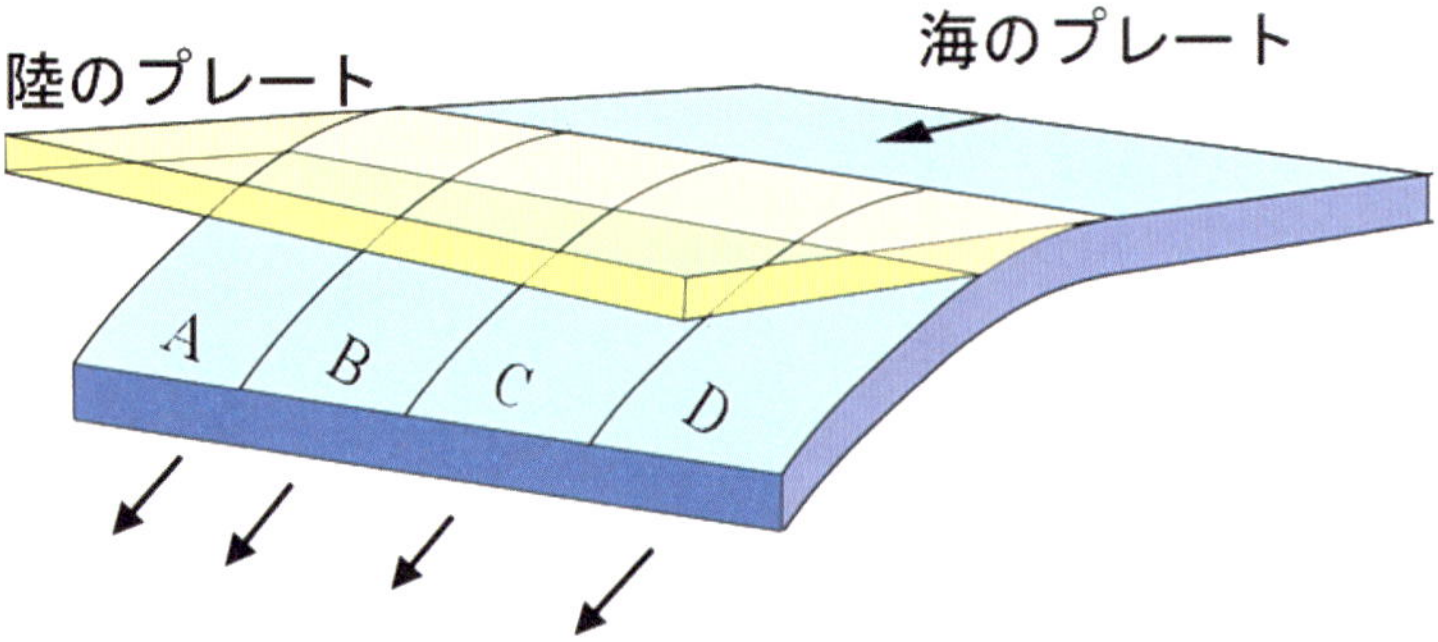

図9

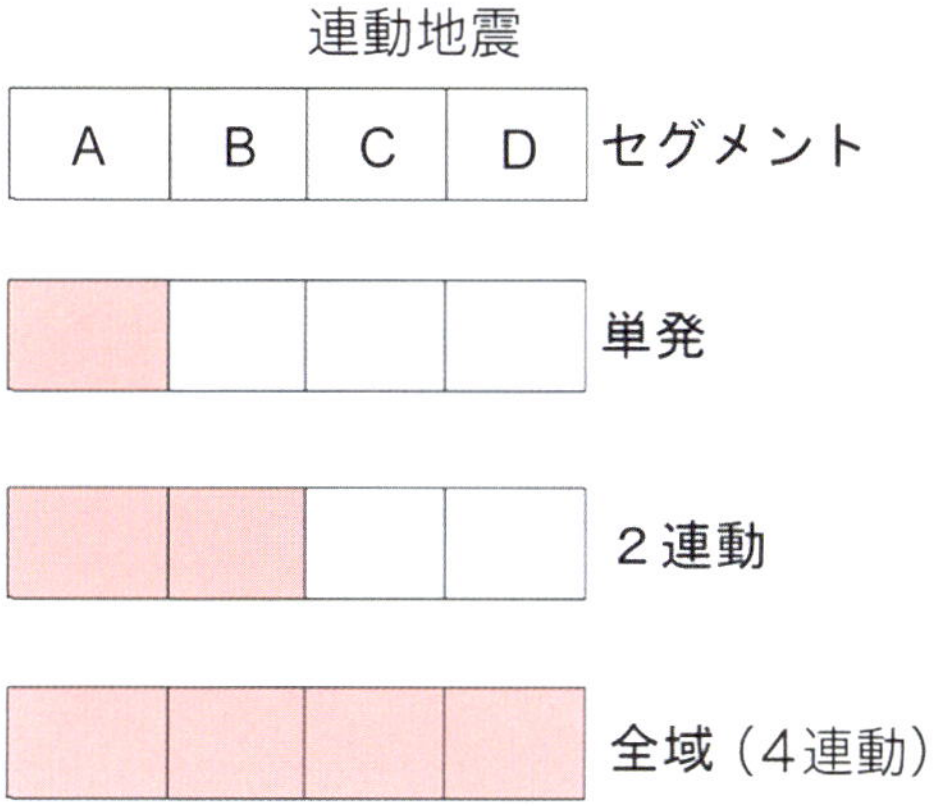

図 10

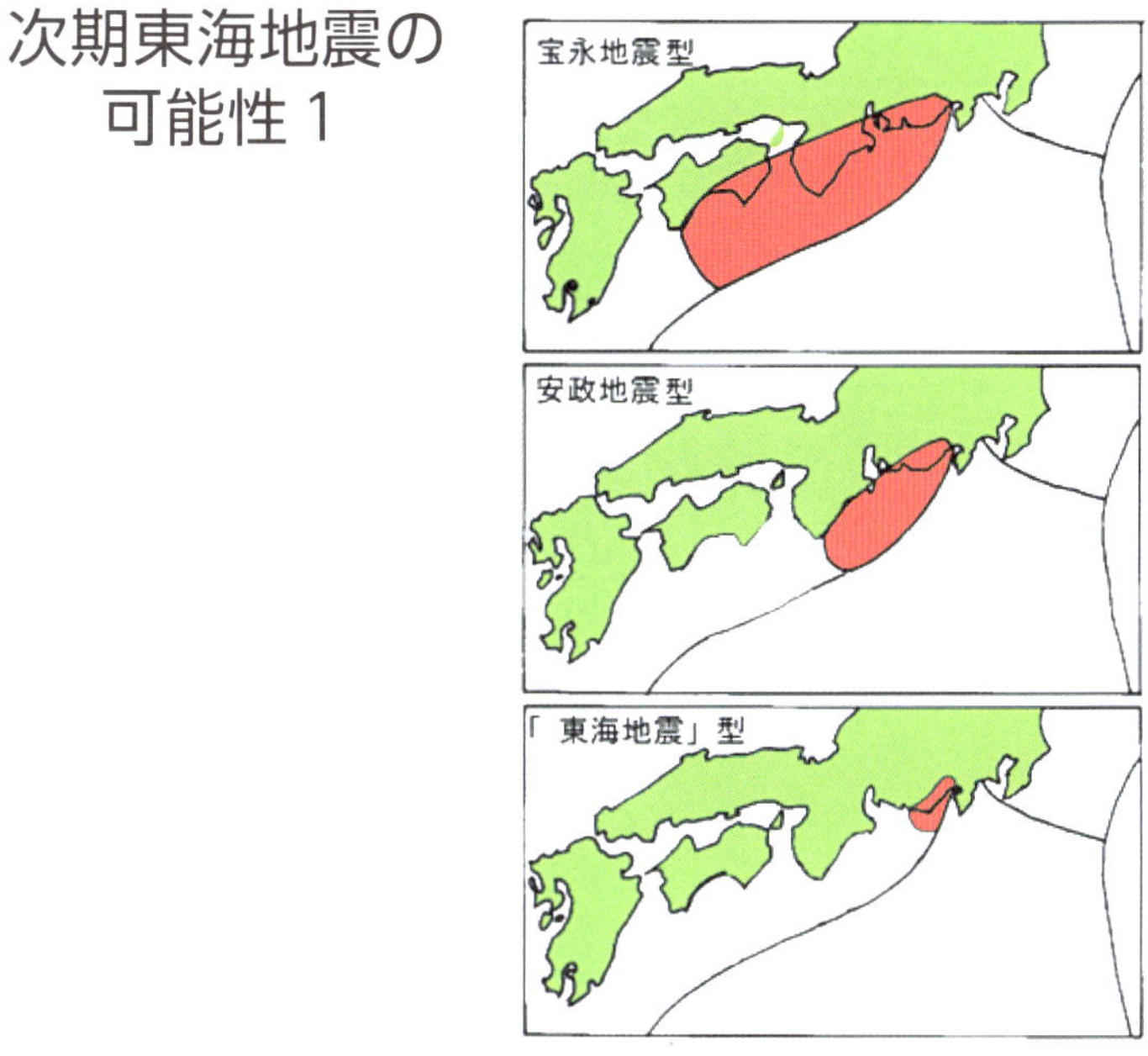

図 11

1605 慶長地震

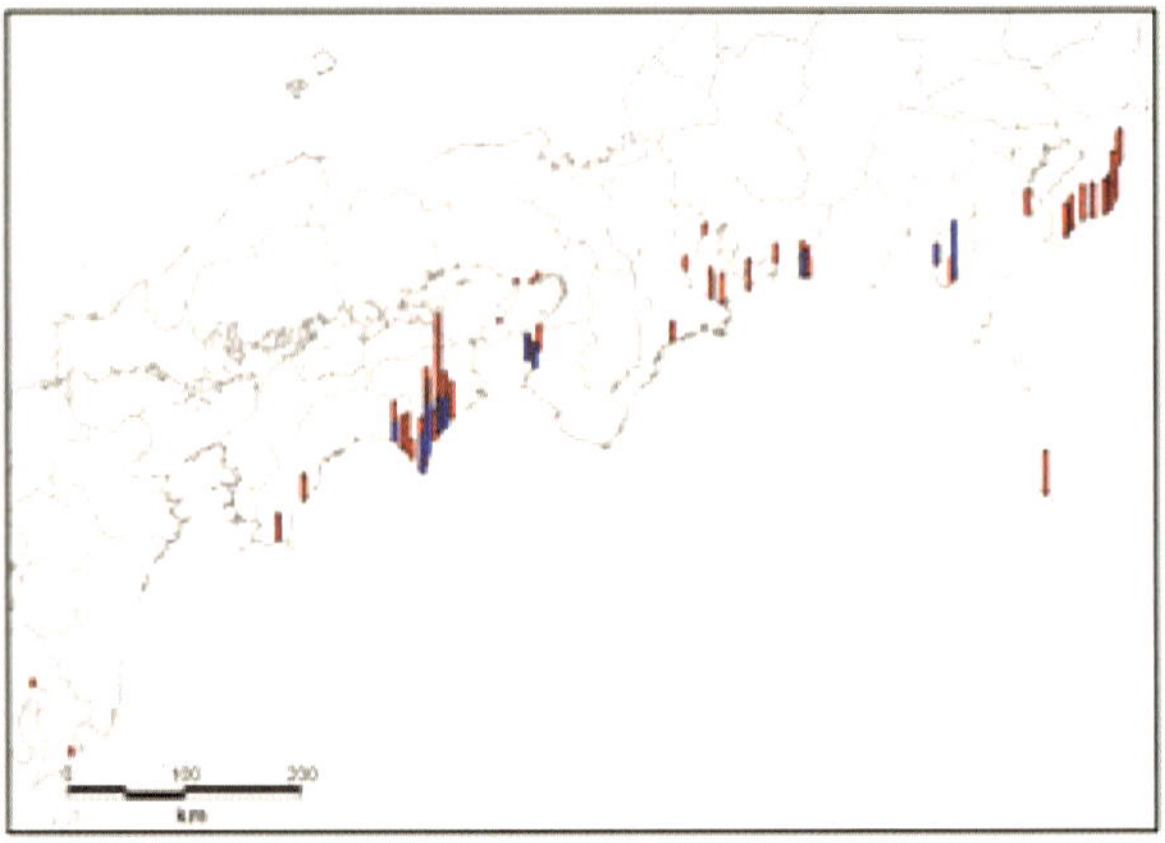

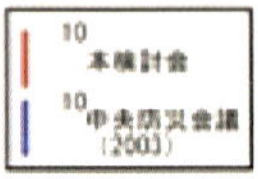

1707 宝永地震

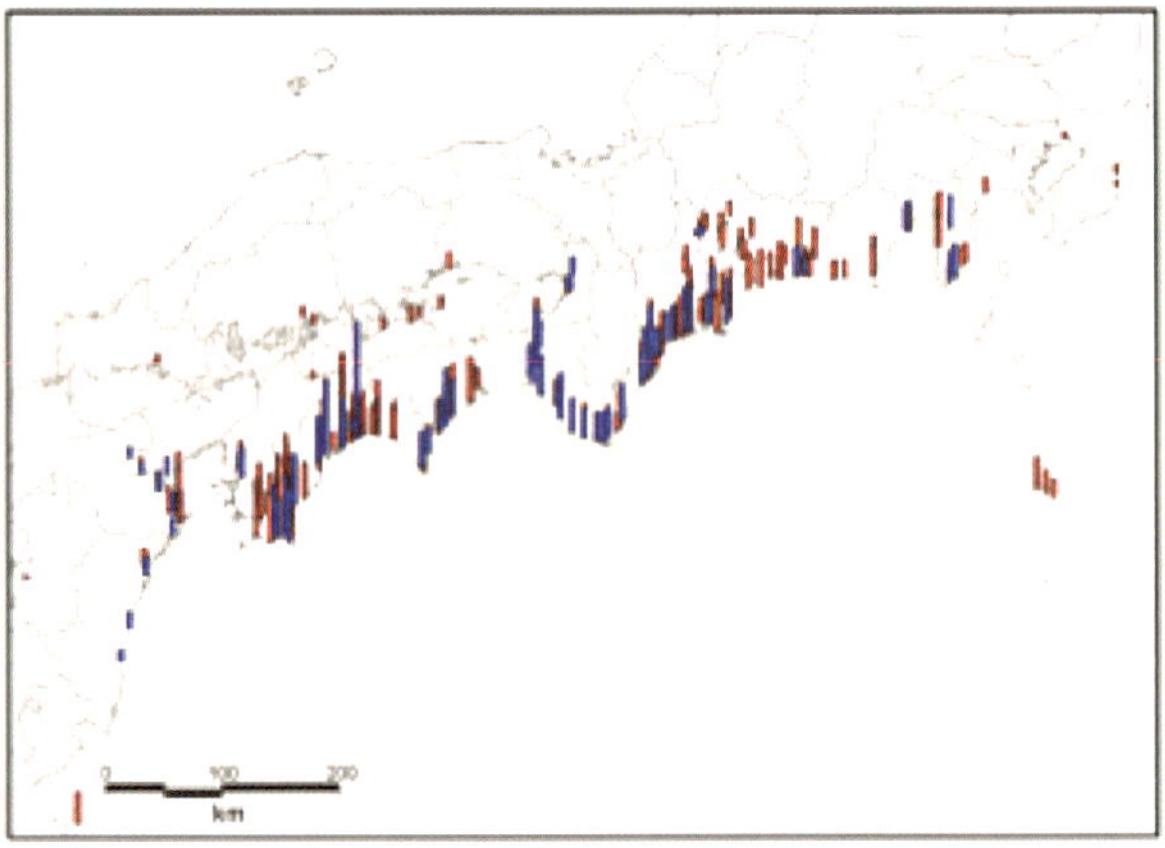

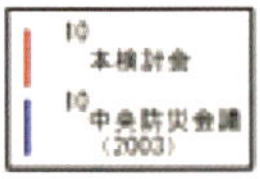

（内閣府　南海トラフの巨大地震モデルの検討会による）

中央防災会議（2003）の津波高に新たに収集した資料の津波高を加えた過去地震の津波高

図 12

田老町　過去の津波

1896明治

1933昭和

図 13

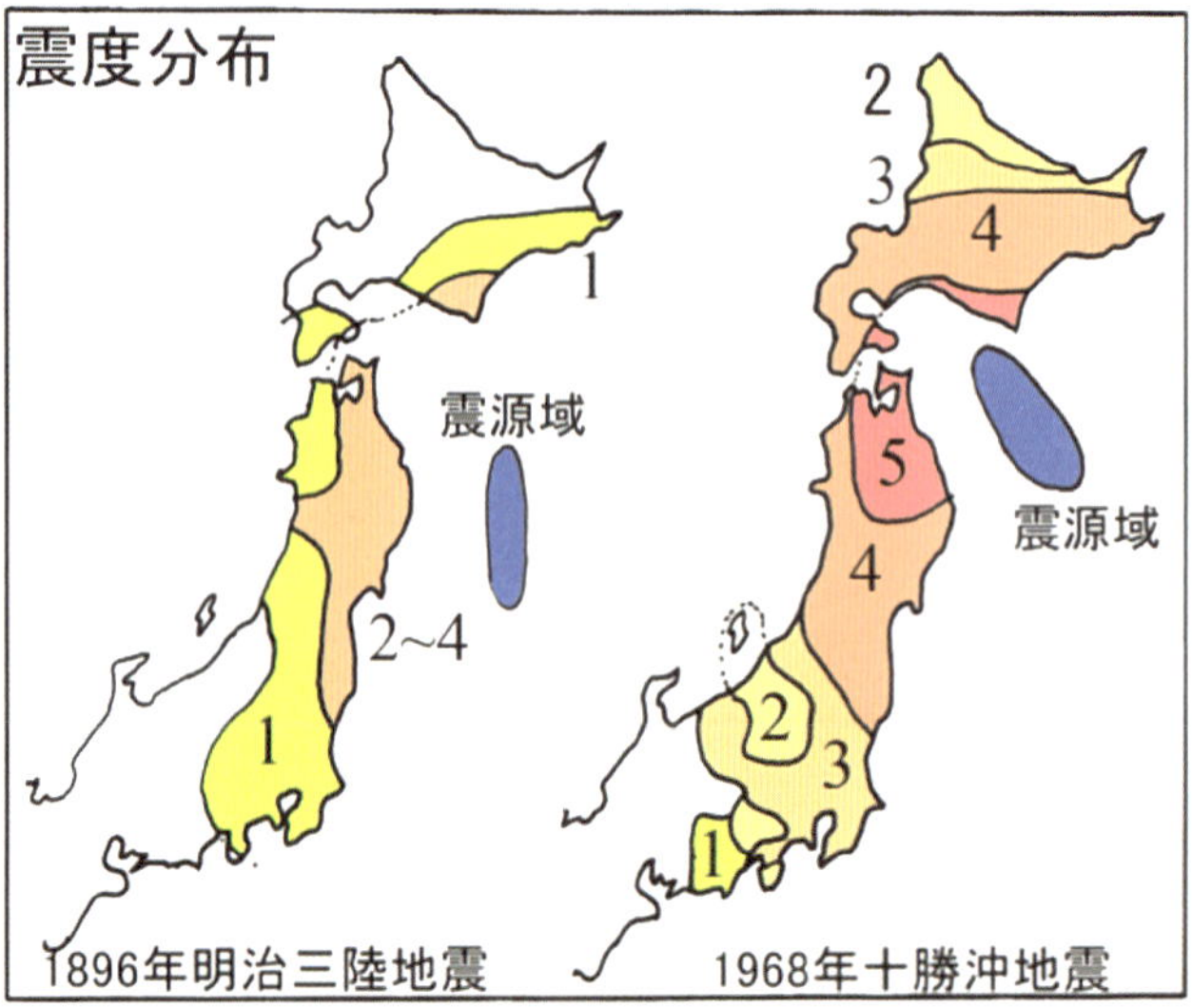
震度分布
1
震源域
2~4
1
1896年明治三陸地震
2
3
4
5
震源域
4
2
3
1
1968年十勝沖地震

図 14

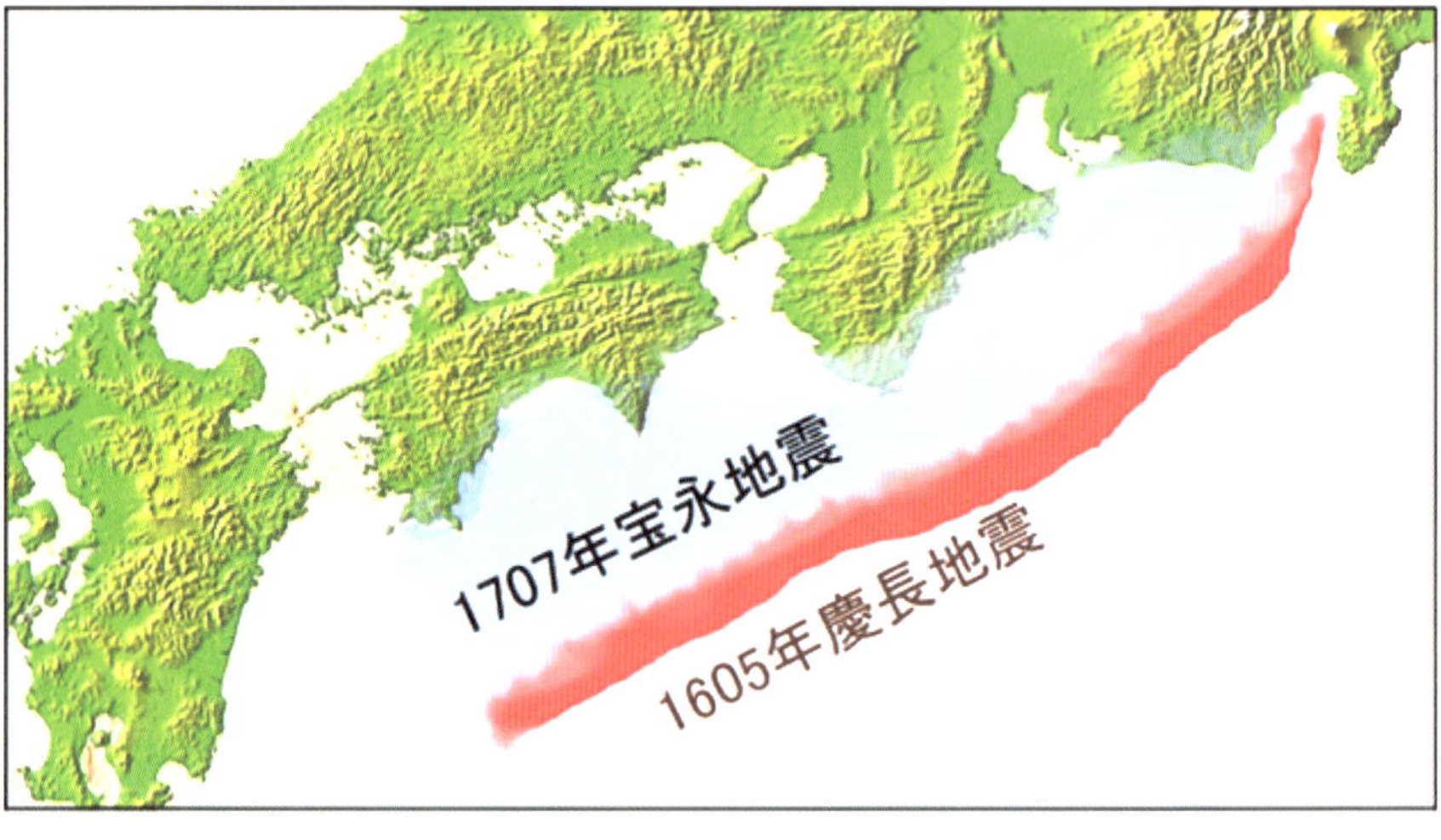
1707年宝永地震
1605年慶長地震

図 15

次期東海地震の可能性 2

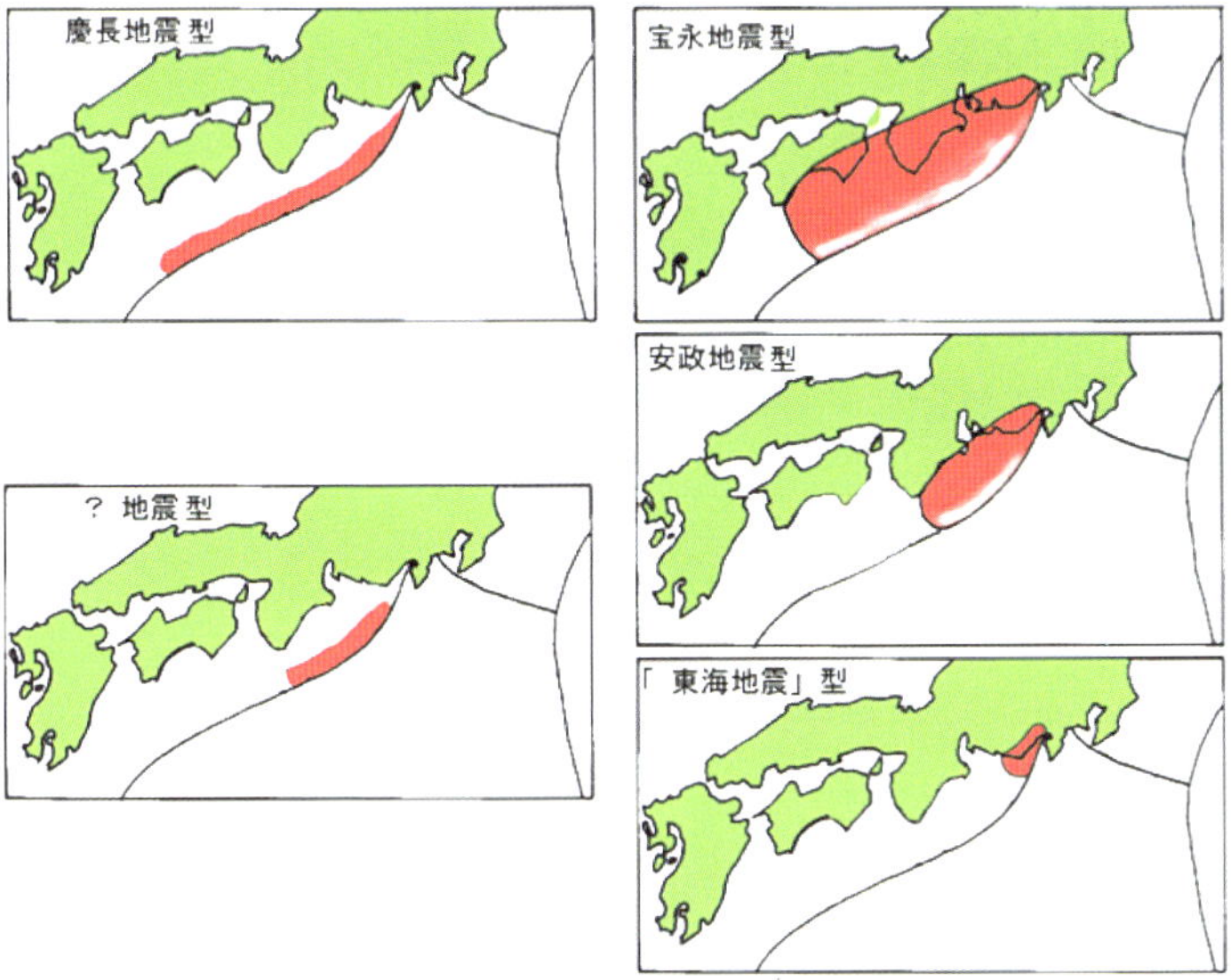

図 16

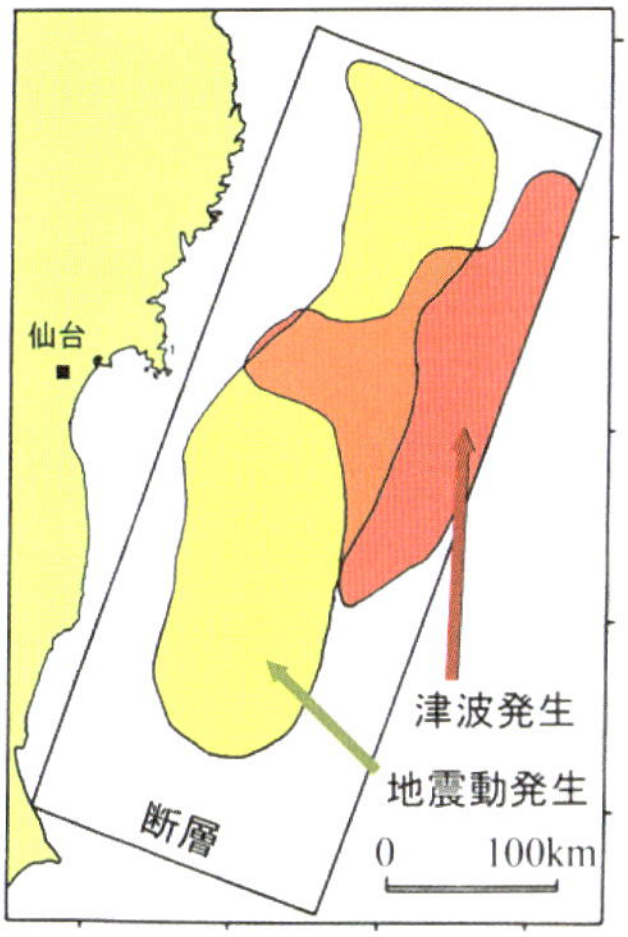

纐纈他による

図 17

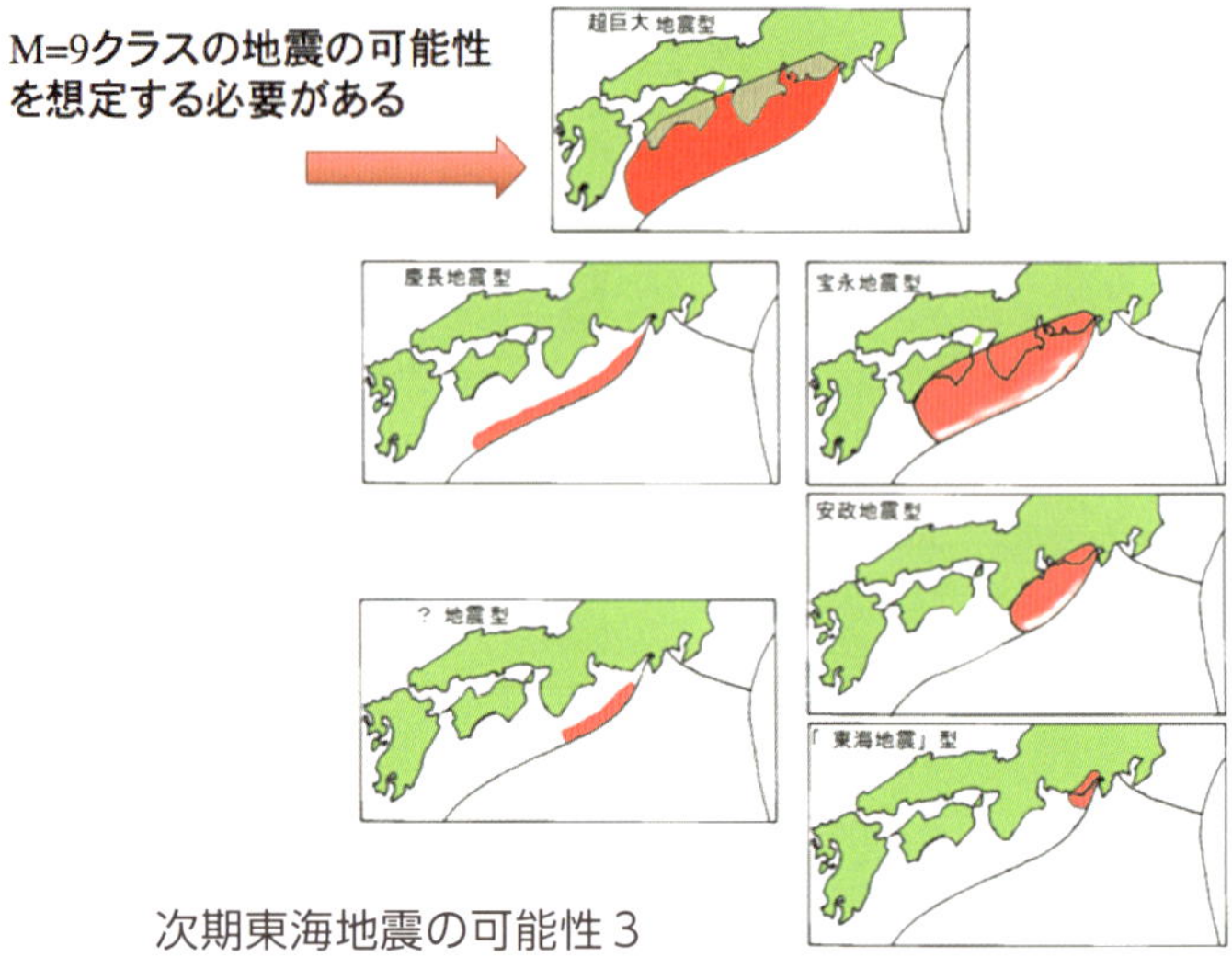

図 18

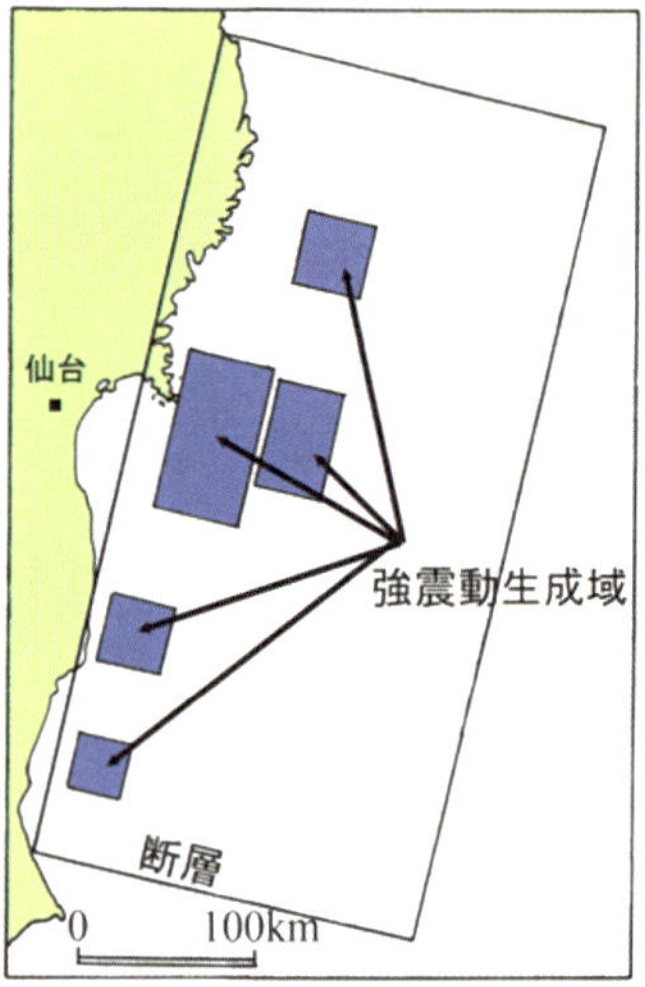

倉橋・入倉による

図 19

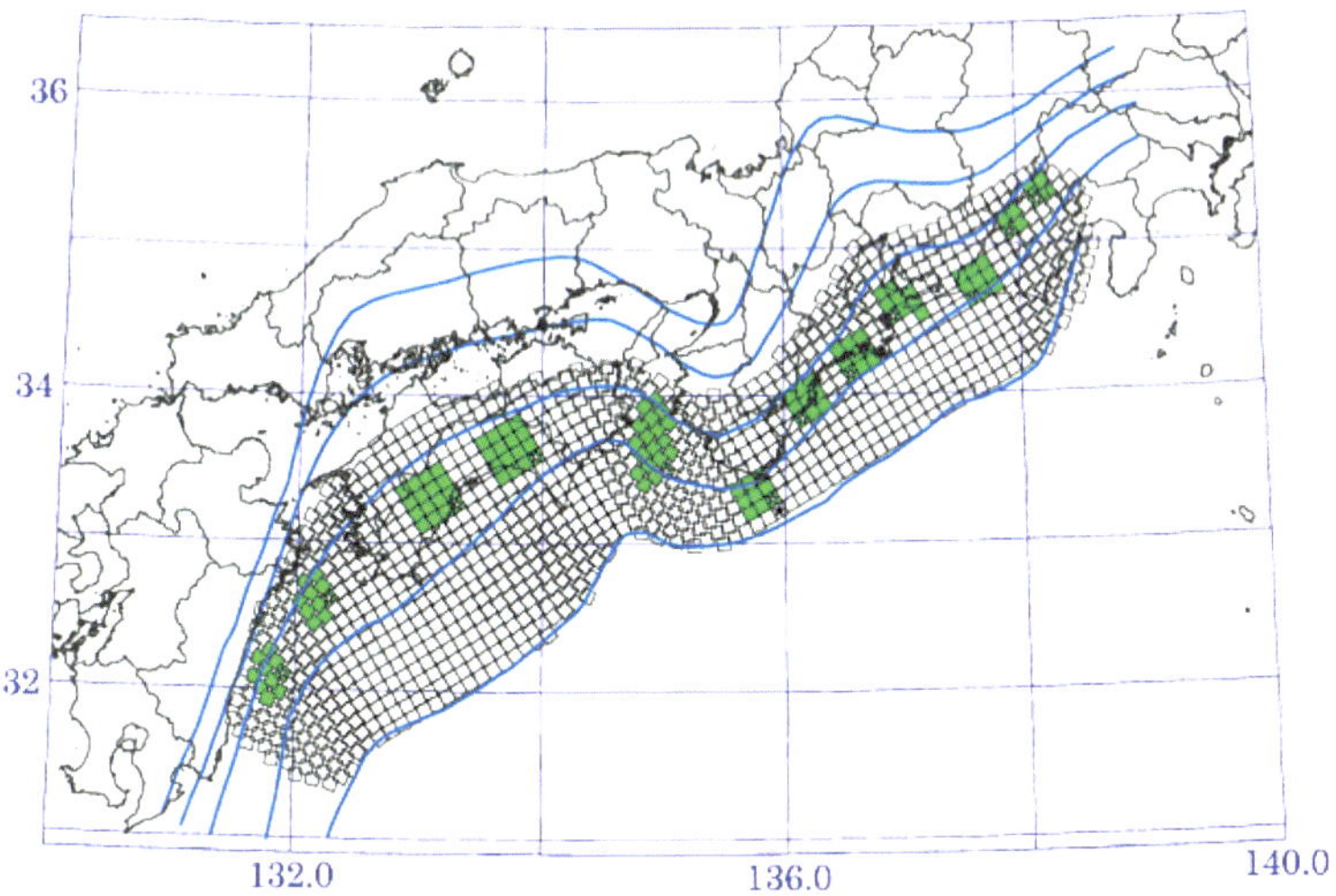

強震動生成域の設定の検討ケース（陸側ケース）

図 20

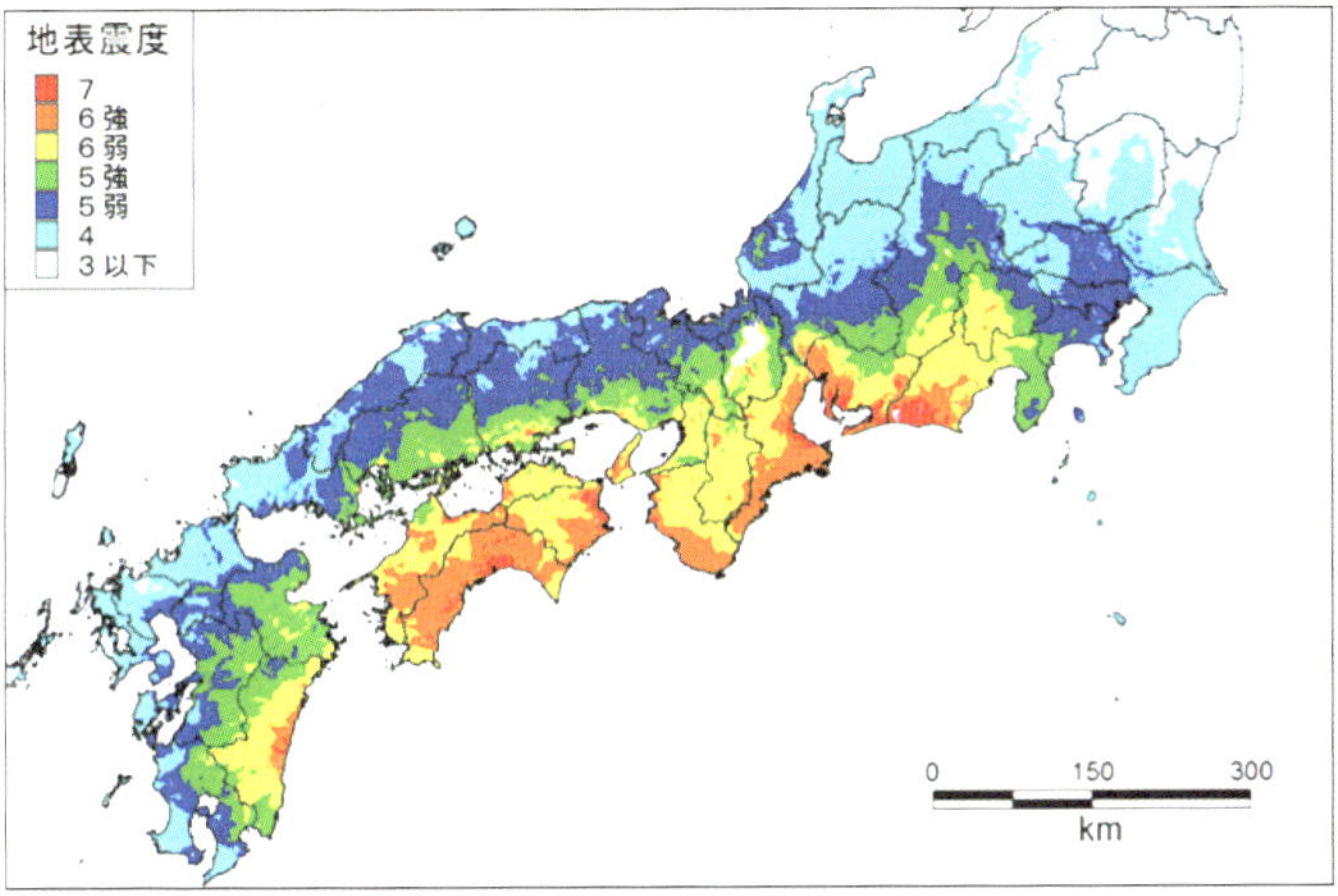

陸側ケース　地表震度 _ 全域

図 21

海岸の津波高さグラフ（満潮時）
【最大クラスの津波（各断層パターンの最大）】　　　　内閣府　南海トラフ巨大地震検討会

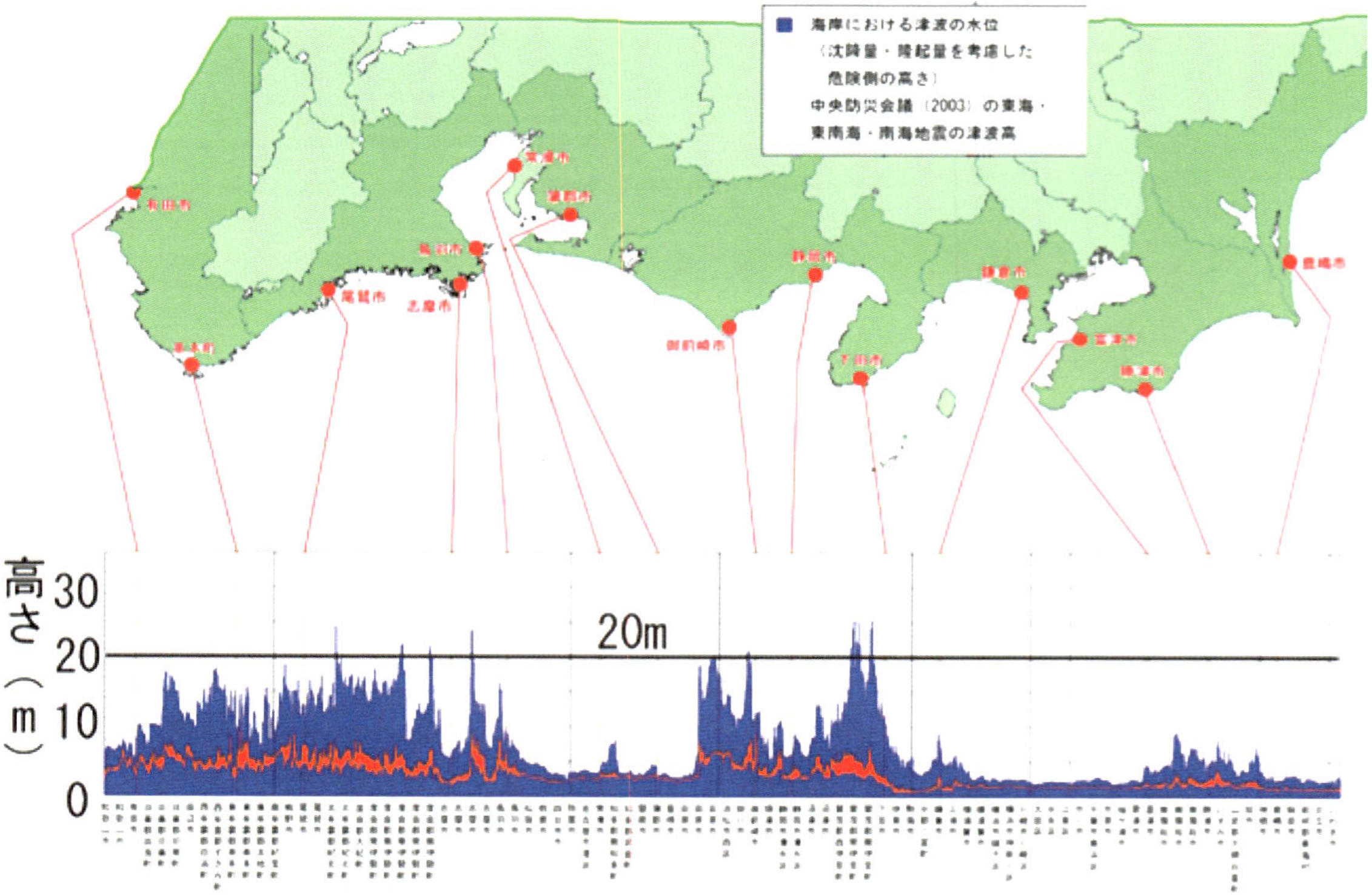

図 23

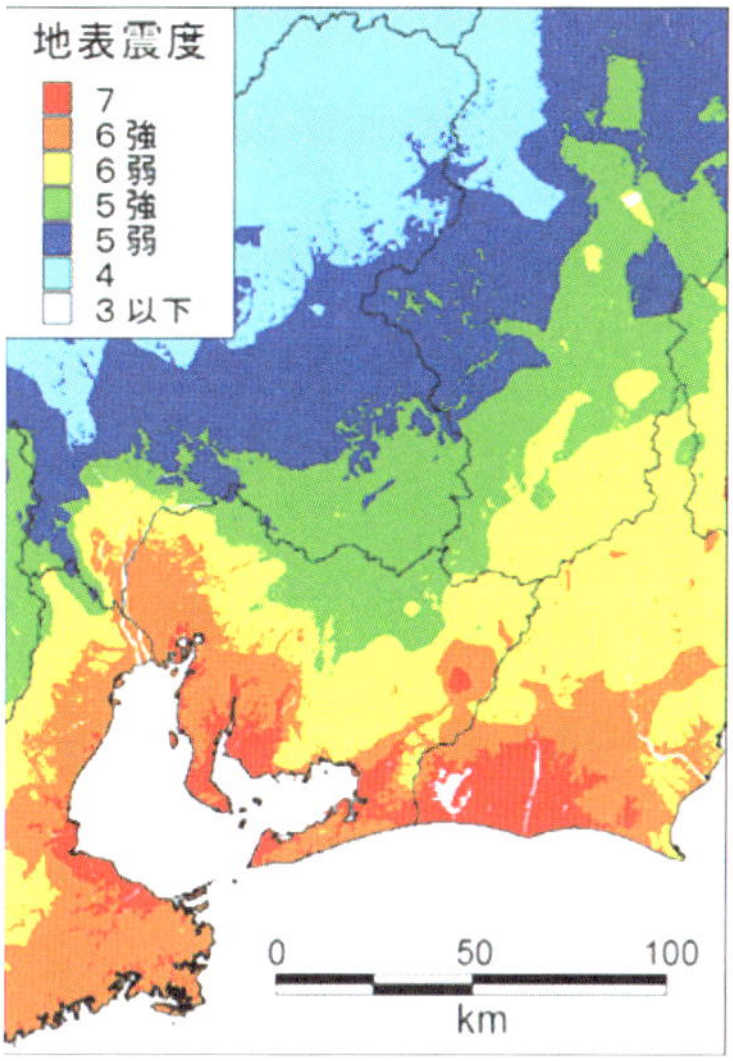

陸側ケース

図22

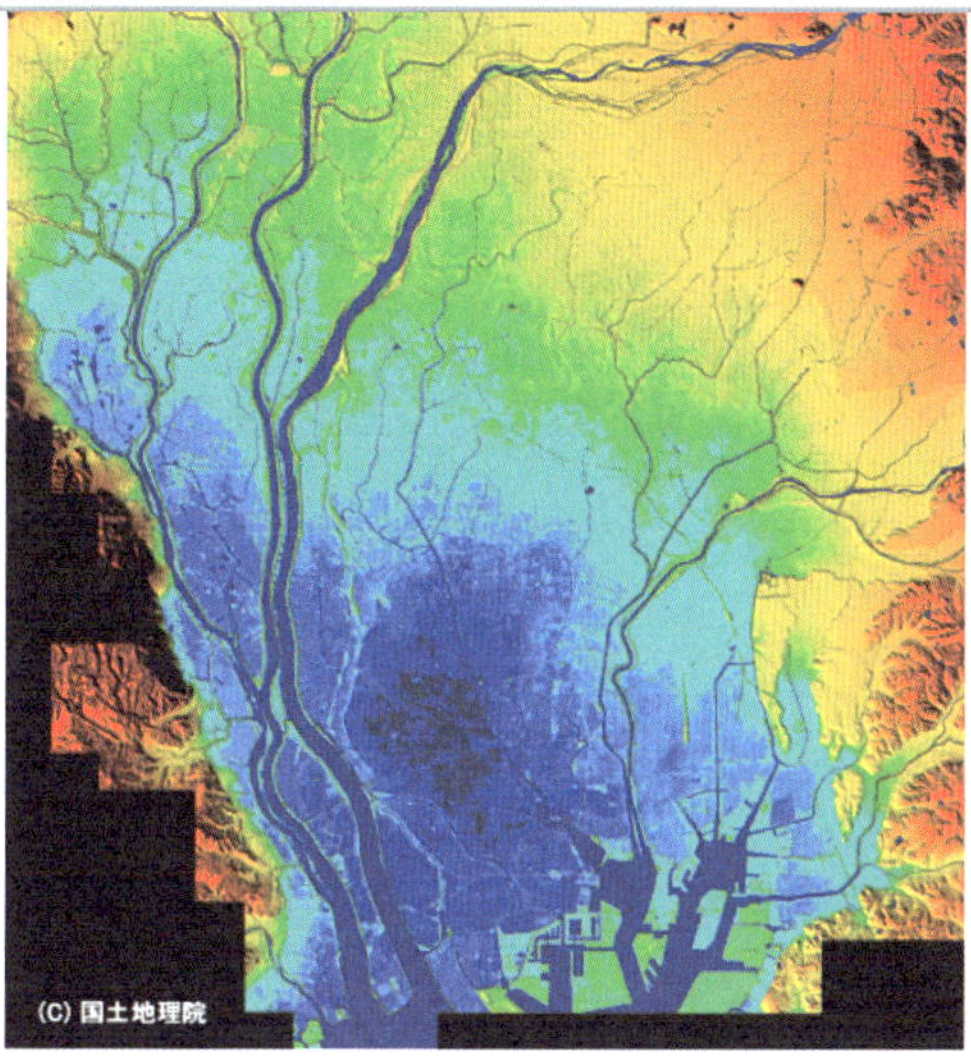

図24

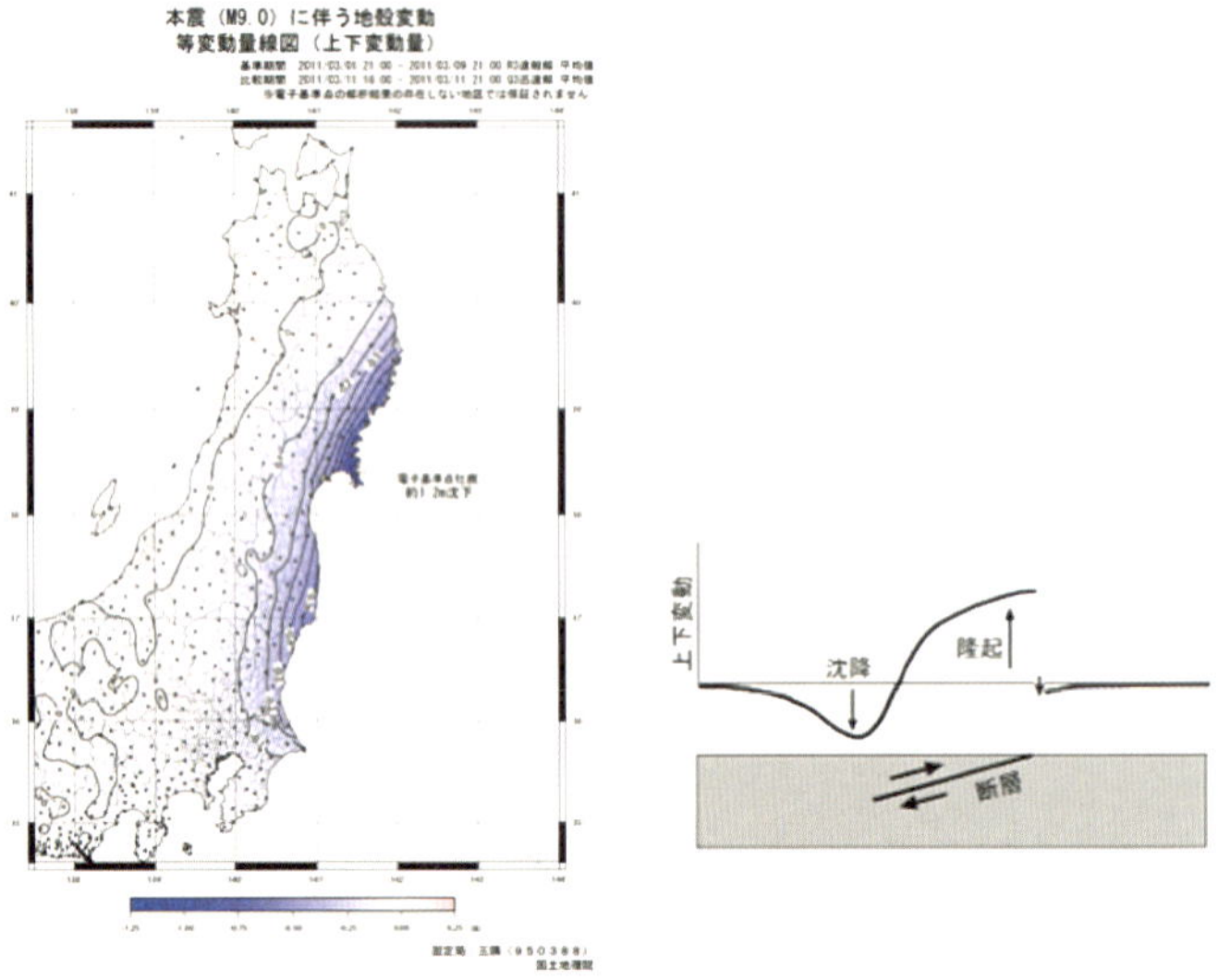

図 25

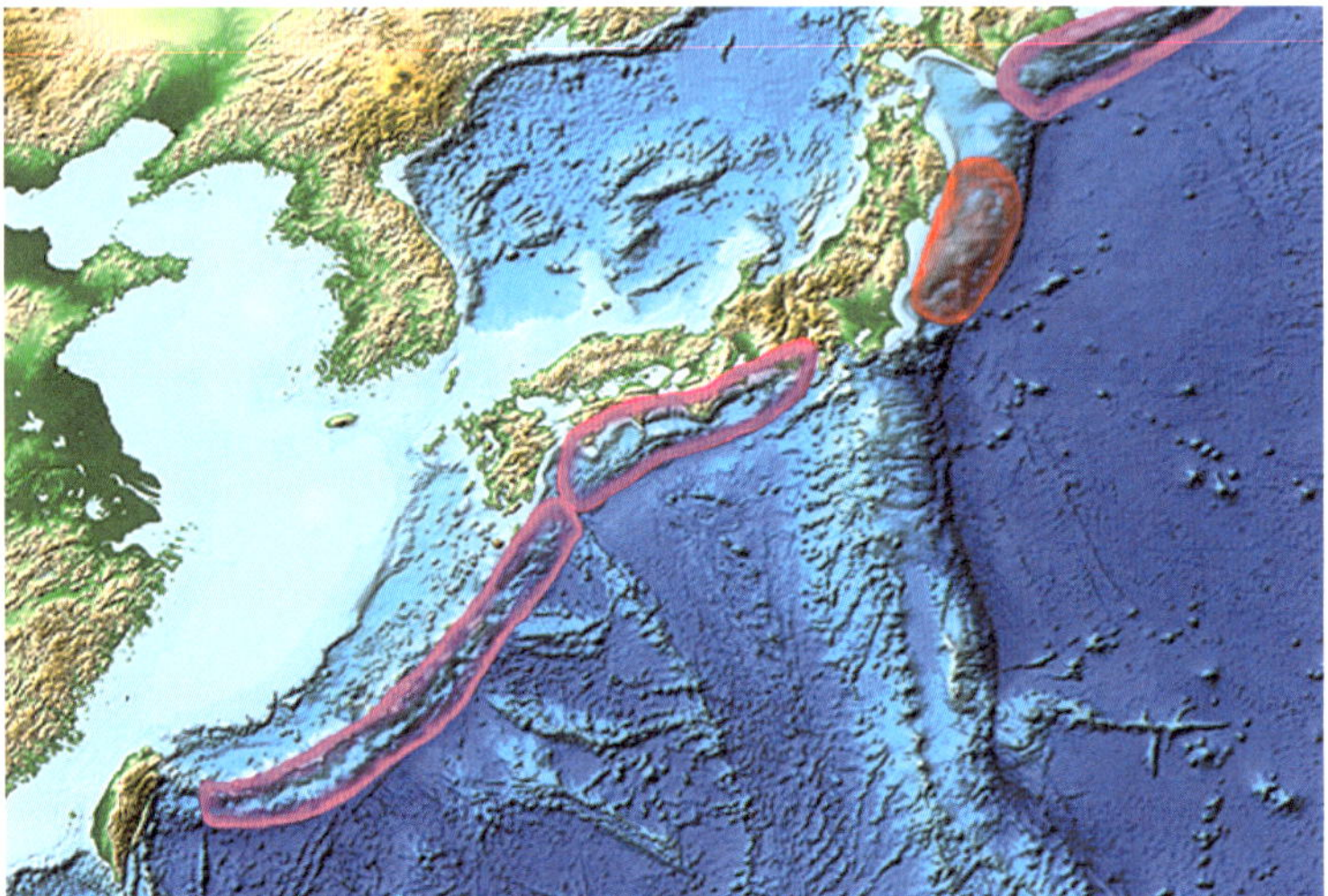

図 26

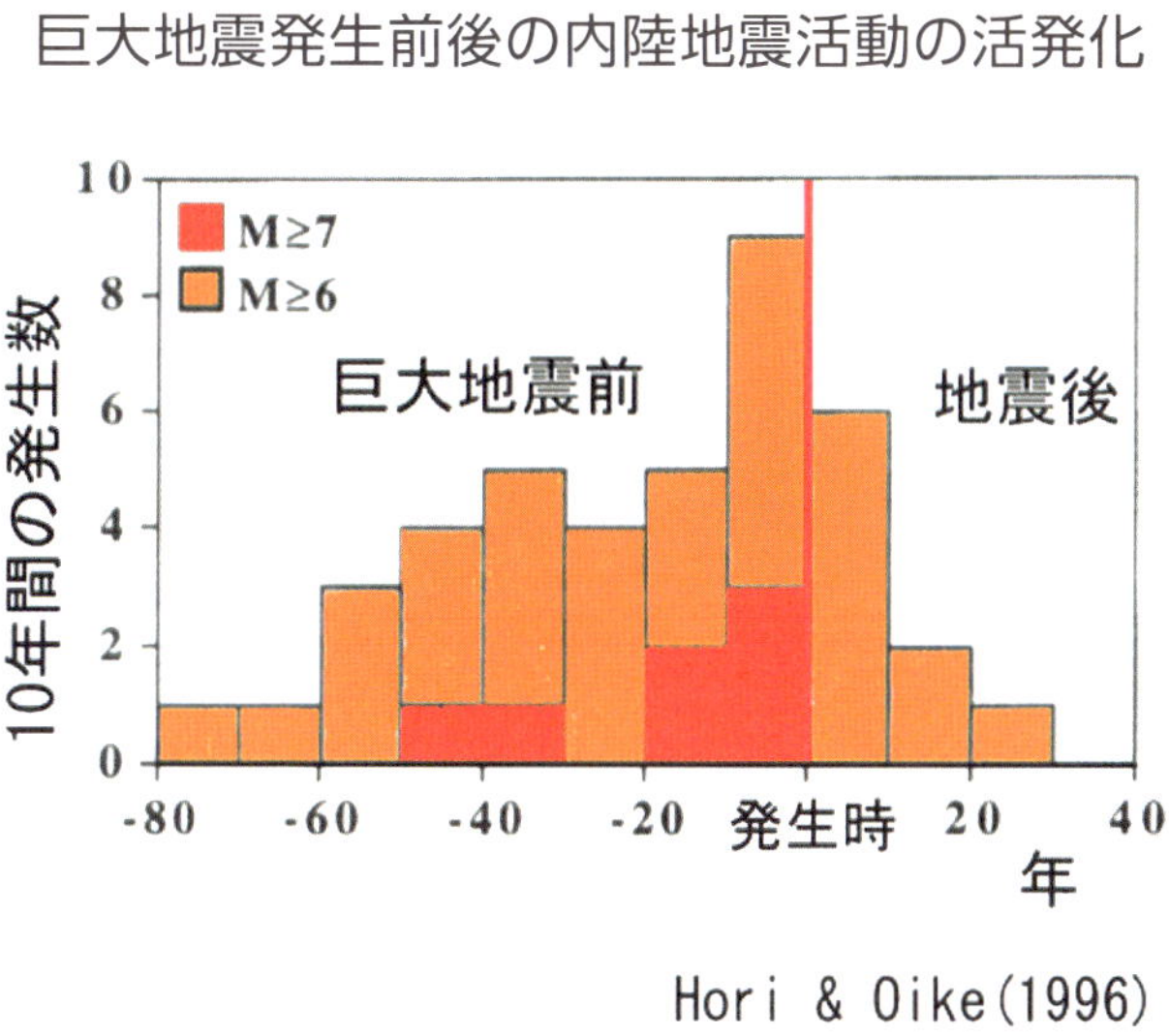
巨大地震発生前後の内陸地震活動の活発化
10年間の発生数
M≥7
M≥6
巨大地震前
地震後
10
8
6
4
2
0
-80
-60
-40
-20
発生時
20
40
年
Hori & Oike(1996)

図 27

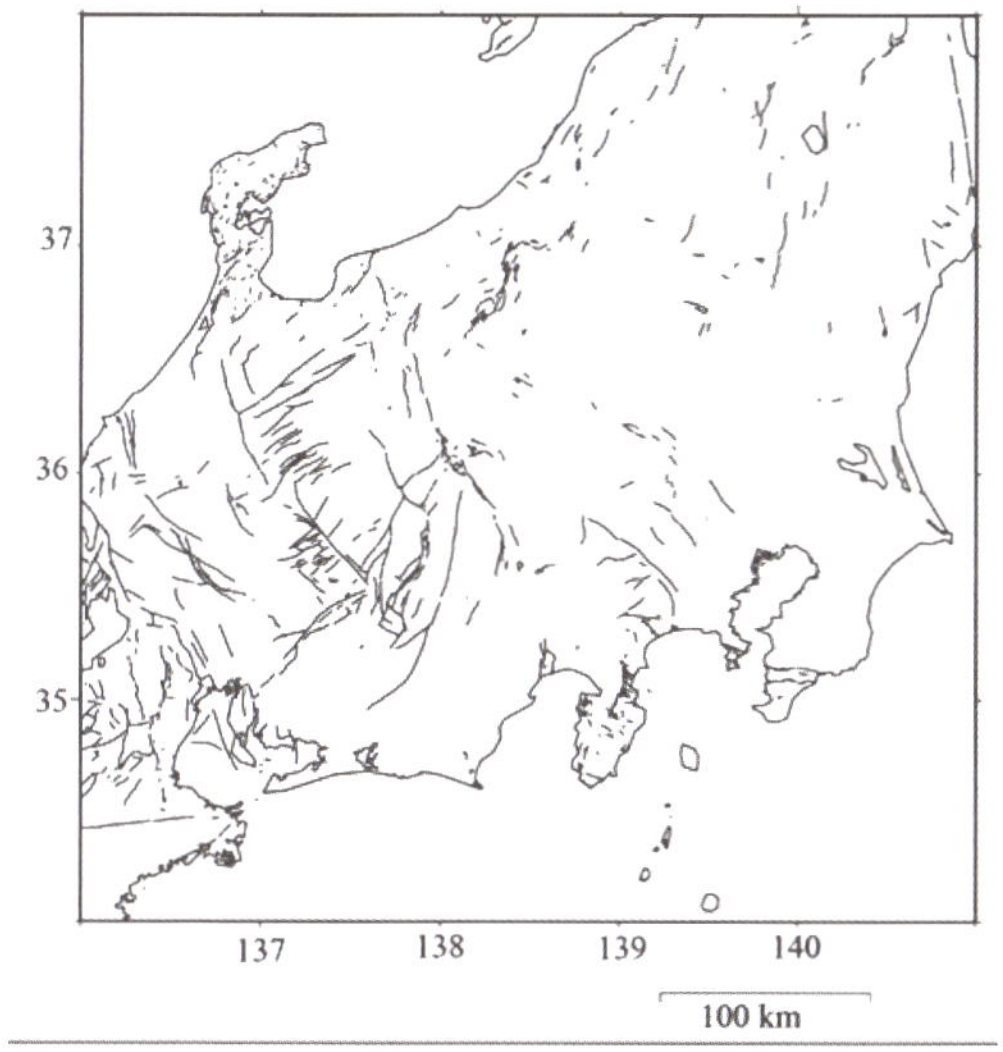
37
36
35
137
138
139
140
100 km

図 28

長時間続きます。またこれら断層に近い平野だけでなく、関東平野など比較的離れた平野でも大きな振幅になります。大きな平野に大都市があり、高層ビルが建ち並んでいますが、これらのビルは本当の意味でまだ強烈な長周期地震動に襲われた経験が無いといえます。駿河・南海トラフの巨大地震に対してどの程度大丈夫かは不明で、心配しております。

巨大地震の強い地震動の直撃に対して未経験という点では原子力発電所も同様です。駿河・南海トラフの地震断層の直上には浜岡原発があり、愛媛県の伊方原発も断層の端にかかってきます。問題になるのは短周期の強い地震動ですが、巨大地震時に原発の敷地でどのような短周期地震動になるかの知識が不十分です。前に述べた断層上の強い地震動の発生領域の分布だけでなく、原発敷地付近の細かい地下構造などの情報が必要ですが、それらがよくわかっていません。そもそも日本では地震活動が活発なうえ、後でも述べるように今後地震活動がますます活発になる可能性が高いので、原発を稼働するのは問題が多すぎると考えます。

大きくて到着時間が早い津波

では次に津波被害について考えてみます。東北地方太平洋沖地震が特別だったとはいえ、海溝型巨大地震の津波が恐ろしいものであることはよくわかりました。最近駿河・南海トラフ沿いで津波の高さの想定がこれまでより大幅に引き上げられて世間を騒がせました。これは慶長地震型のような浅い断層領域で以前の想定に比べて非常に大きく滑る場合を想定しなおしたからです。図23のように伊勢湾などの湾内では他地域に比べれば低いですが、それでも経験したことのない高さの津波が来ます。また外洋に面した海岸では入り江の地形によって差がありますが、多くの場所で20ｍを超える高さの津波がくると想定されています。

津波に関してもう一つ深刻なことは先ほどもいいましたように断層の位置です。大きな津波を発生しやすい断層の浅い部分はトラフや海溝付近になりますが、東北の日本海溝に比べ駿河・南海トラフはかなり陸地に近いので、津波が海岸へ到着するまでの時間が短くなります。紀伊半島などではまだ地震で揺れている間に津波の第一波がくるのではないかと予想されるほどです。東北の津波でも明らかになったように、予想される津波は防波堤などで防げるものではありません。日頃から地震が起きたらすぐに高台へ逃げる意識を持つことが最も大切だと思います。海抜0m以下の平野部などでは高台がありませんので、近くのビルなど利用できそうなビルを日頃から考えておいたり、避難指定場所として了解を取っておくことなどが必要でしょう。

東北での津波被害は凄まじいものでしたが、西南日本ではこれに加えて湾岸部の大規模コンビナートの被害なども考えなければなりません。また名古屋や大阪では地下街などへの浸水など新しい形の被害も想定されます。図24のように大きな平野の海岸付近では海抜の低い場所も少なくないので、津波が堤防を乗り越えたり堤防が決壊したりすれば広域が冠水することになります。

もう一つ東北の経験からわかったことは、図25のように巨大な断層の運動により断層の深い方の端の上に当たる地域で沈降が起きるということです。断層運動に伴って陸側のプレートが引き伸ばされたことによるものです。これを名古屋周辺に当てはめると、海岸部で1~2m沈降する可能性があります。つまり沈降分と合わさってより高い津波になります。地震の揺れで堤防は破壊されたり、破壊されなくても液状化により堤防が大きく沈下する恐れもあるので、さらに警戒は必要です。

地震や火山噴火の誘発

ここまでは駿河・南海トラフ沿いの話でしたが、ここ以外にも注意すべき地点はあります。個々の詳しい説明は省略しますが、いろいろあります。駿河トラフの延長部が陸にも続いていて、これらも連動する可能性についても注意は怠れません。またこれとは別に、駿河トラフの南東側海底にも別の断層があることがわかっており、この断層部分が南海トラフの巨大地震と連動するかもしれません。さらに同様に南海トラフの南西に続く琉球海溝に拡大する可能性もゼロではないと思われます（図26）。

それからまた、火山の噴火にも警戒を要します。プレートの伸び縮みによりその下のマグマ溜まりを刺激して噴火を誘発する可能性があります。実際に宝永地震の1ヵ月半後に宝永大噴火と呼ばれる富士山の大きな噴火が起きました。

さらに東北地方太平洋沖地震後に、余震を含め日本各地で大小の地震が誘発されました。また図27のグラフは過去の巨大地震発生の前後でどれだけ内陸で地震活動があったかを数えたものです。ここからわかることは巨大地震が起きる数十年くらい前からとその直後には日本各地の内陸で地震活動が活発になるということです。超巨大地震ではこの傾向がもっと強くても不思議ではないでしょう。今は駿河・南海トラフ周辺の地震ばかりに目が行きがちですが、内陸にも、図28のようにこれだけ活断層があることはわかっていますから、内陸地震にも注意を向ける必要があると言えます。兵庫県南部地震を思い出せばわかるように、都市直下でマグニチュード7の地震が起きたら大変な災害になります。東日本大震災以降、地震の規模に関する我々の感覚が少々麻痺している感があり、マグニチュード7クラスの地震が起きても、なんとなく小さめの地震という感覚になってしまっていますが、やはり大きな地震であることに変わりはないのです。

おわりに

いずれ駿河・南海トラフ沿いで巨大地震が起きるはずです。場合によってはこれまで経験したことの無いような超巨大地震になるかもしれません。もし超巨大地震が起きると、その震災は非常に大きく、また多様な被害をもたらすはずです。日本海沿岸部までも含めた、広域での被害が予想されます。これまで危険性に気づいていなかった新たなタイプの災害も起きるかもしれません。たとえ超巨大地震ではなくても、甚大な被害を西日本にもたらします。こんなことも災害の要因になるのでないかと常日頃から検討することなども含めて、いずれ起きる駿河・南海トラフ沿いの巨大地震と、どこでも起きうる内陸地震に備え続ける必要があります。

東日本大震災
——復旧・復興の現状・課題と教訓

網島不二雄

Ⅰ．はじめに

定年退職後に仙台に戻りまして1年10ヵ月後に、今回の大震災に遭いました。今、東日本大震災復旧・復興支援みやぎ県民センターというところの、代表世話人をしております。大地震、大津波、原発事故という多重災害で、しかも、宮城は沿岸部全域が被災するという、なかなか大変な災害でした。

今回の地震はかつての宮城県沖地震を体験しておりますけど、それに比べても、ものすごい地震でした。建物の中にいて揺れの方向が段々と変わってきたということは感じましたが、とにかく恐ろしい体験でした。

ただ幸いにも今回の地震は宅地はやられましたけれども、住宅そのものが壊れるということはあまりない地震でした。宮城では土蔵がやられましたが、岩手ではそうではなかったようです。地震波のちがいかなと思ったりしています。近代になって初めての巨大地震を体験したということで、その対策が近代国家にふさわしい対策かということを絡めて議論をしているところです。

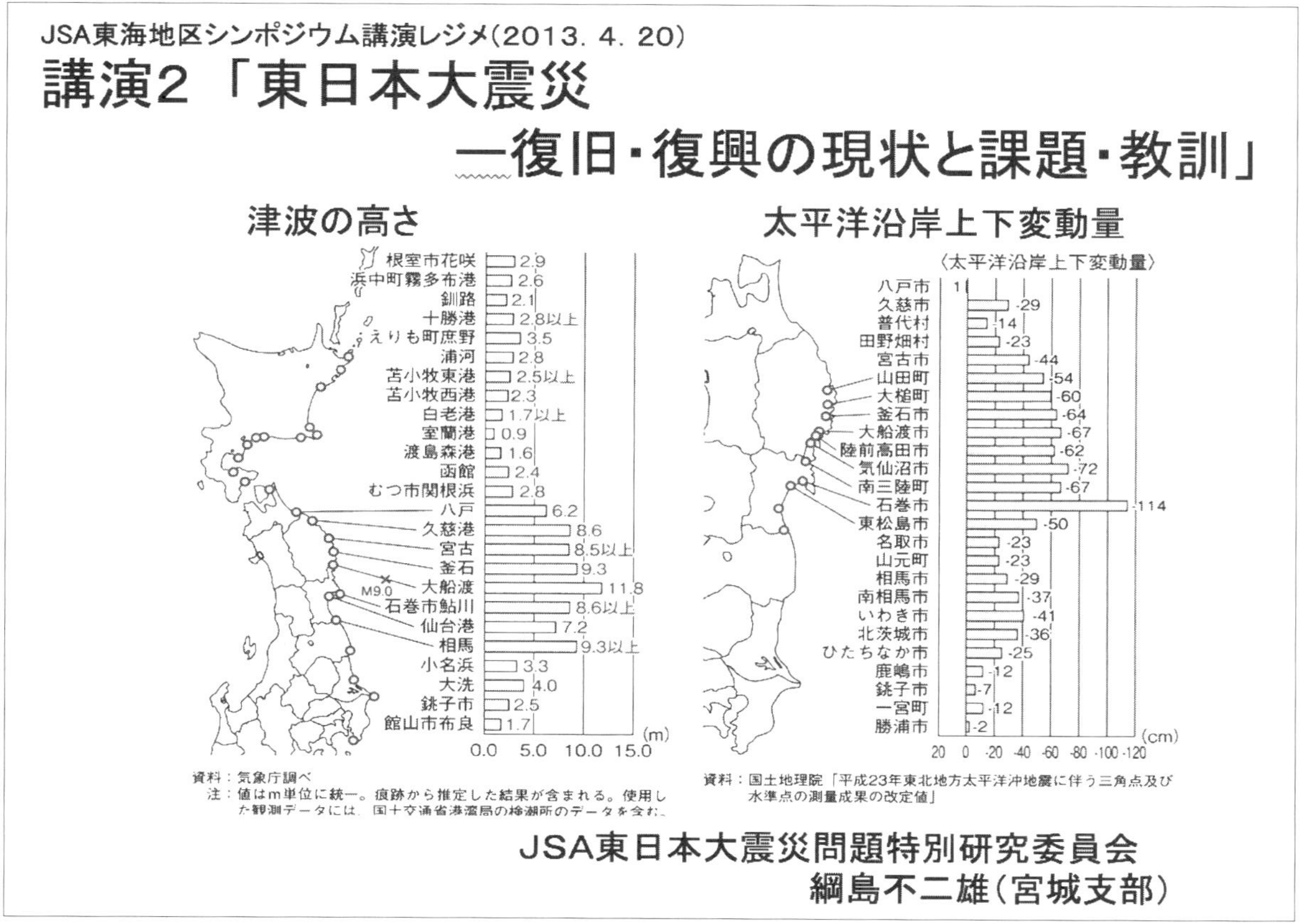
JSA東海地区シンポジウム講演レジメ(2013. 4. 20)
講演2「東日本大震災
—復旧・復興の現状と課題・教訓」
津波の高さ
根室市花咲 2.9
浜中町霧多布港 2.6
釧路 2.1
十勝港 2.8以上
えりも町庶野 3.5
浦河 2.8
苫小牧東港 2.5以上
苫小牧西港 2.3
白老港 1.7以上
室蘭港 0.9
渡島森港 1.6
函館 2.4
むつ市関根浜 2.8
八戸 6.2
久慈港 8.6
宮古 8.5以上
釜石 9.3
大船渡 11.8
石巻市鮎川 8.6以上
仙台港 7.2
相馬 9.3以上
小名浜 3.3
大洗 4.0
銚子市 2.5
館山市布良 1.7
M9.0
0.0 5.0 10.0 15.0 (m)
資料：気象庁調べ
注：値はm単位に統一。痕跡から推定した結果が含まれる。使用した観測データには、国土交通省港湾局の検潮所のデータを含む。
太平洋沿岸上下変動量
〈太平洋沿岸上下変動量〉
八戸市 1
久慈市 -29
普代村 -14
田野畑村 -23
宮古市 -44
山田町 -54
大槌町 -60
釜石市 -64
大船渡市 -67
陸前高田市 -62
気仙沼市 -72
南三陸町 -67
石巻市 -114
東松島市 -50
名取市 -23
山元町 -23
相馬市 -29
南相馬市 -37
いわき市 -41
北茨城市 -36
ひたちなか市 -25
鹿嶋市 -12
銚子市 -7
一宮町 -12
勝浦市 -2
20 0 -20 -40 -60 -80 -100 -120 (cm)
資料：国土地理院「平成23年東北地方太平洋沖地震に伴う三角点及び水準点の測量成果の改定値」
JSA東日本大震災問題特別研究委員会
綱島不二雄（宮城支部）

図1

Ⅱ．大震災の規模と特質

1、きわめて広範囲被災

今回の地震で津波の被害が非常に大きかった理由の一つは、海岸線が非常に長かったということが挙げられます（図1）。岩手県から牡鹿半島に続くリアス式海岸は津波の常襲地帯で、津波に対する備えはできているところとされていましたが、そこでもやはり考えられないほどの巨大津波が来たということです。古本先生の講演にも出てきました田老地区にいた市職員が、海岸線の松林を白波が越えることは時々あったけれど、まさかそれがそのまま防潮堤すらも越えて入ってくるとは思ってもみなかったと、証言しています。津波の備えがある所でも想像を超える巨大津波が押し寄せました。宮城県は海岸線の総延長が828㎞あり、この間に点々と漁港があり、浜の暮らしがありましたが、それらすべてが津波の被害を被ったことになります。石巻から南には400年来津波が来てなかったところもあり、15代から16代にわたる農家がほとんどでしたし、居久根という屋敷林に囲まれた集落が、すべて流されました。

私の印象ですと、津波というのは海がずかずかと陸上に上がってきて、また戻っていくという感じなんですね。波ではなくてそのまま海がずーっと上がってきて、またそのまま戻っていくような。来た時にやられて戻る時にまたやられる凄い威力です。また、先ほどの講演の話にも港の機能が失われたとありましたが、宮城で一番苦労しましたのは海中瓦礫です。救援物資を船で運ぼうにも、港が瓦礫で埋まり船が入れなかったのも、大きい問題の一つだと感じました。死者も宮城県だけで1万人近くに、行方不明者もいまだに1300人以上にのぼる大きい被害でしたが、これらはみな沿岸部だけです。仙台市内では液状化現象によるマンションの損壊や造成地の地崩れなどはありましたが、大きな被害というのはありませんでした。宮城全体でも地震そのもので亡くなられた方はほとんどおらず、大部分が津波で亡くなられた方ということを見ても、津波の被害の大きさを改めて痛感します。

2. 多重災害

あらためて宮城県における被災状況と特質を整理しようと思いますが、一つに大規模な多重被災であったといえます。大地震、大津波、そして原発事故です。おかげさまで私自身、とくになんの被害もありませんでしたが、被災から3日間は電気もガスも水も情報もなく、4日目に東京の友人から電話がかかってきて、やっと電気だけは通じたのだと知りました。この間、頼りになったのが実は公衆電話でした。近頃は公衆電話の台数も減っているので、どこも行列ができるほど混んでいました。公衆電話、これに代わる確実な伝達手段の常設は不可欠なものと思います。一方では、かなりの方が地震や津波ではなく、初めて経験する原発事故の被害を心配しました。原発事故はきわめて重大な問題です。

3. 広大な漁村、農村被災

次に、第一次産業中心に被害を受けたということがあります。漁港や農村部がすべて被害を受けました。水産業では宮城県沿岸部全域で1mほどの地盤沈下が見られるため、港の瓦礫を取り除いたとしても、岸壁をかさ上げしないと船がつけられず、港周辺にあった水産加工団地なども、それに伴いかさ上げを必要とするため、いまだ手つかずの状況にあり、水産加工業の復旧も遅れております。このため港の回復が求められるのですが、巨大防潮堤の議論で紛糾しているのが現状です。先ほどの田老地区には、高さ11ｍの巨大防潮堤がありましたが、それすらも越えてしまったのに、１０００年に一度の地震に備え、巨大防潮堤を作ることに意味があるのかという議論もあります。国や県知事は宮城沿岸に巨大防潮堤を作ると言っています。

「松島や　ああ松島や　松島や」ではなく「防潮堤　ああ防潮堤　防潮堤」ですね。ところで、この松島は杉並木の３分の１が海水で枯れる被害はありましたが、津波は海岸近くにある名刹瑞巌寺の山門で奇跡的に止まりました。松島近辺の島々で津波が分散されたためという話ですが、神がかった言い方で申し訳ないですが、杉並木の被害で勘弁してやるから我々にあまり驕るなとの警告ではないかとさえ思えます。

4．大震災とコミュニティ

しかし、なにより大事なことは、漁村・

広域合併の弊害

・「平成の大合併」で広域化した自治体が復旧・復興の課題遂行ができるか？
「現在の市職員体制では復興事業の執行は不可能」（亀山石巻市長）

※震災半年後の朝日新聞アンケート

●石巻市職員1,700人
●市復興計画総事業費約2兆円（10年間）　　人件費増問題が立ちはだかる
一般会計予算規模は700億過ぎず
●決定的なマンパワー不足→石巻市合併前後の職員数は7年で400人減少した。

職員数	石巻市本庁	河北町支庁	雄勝町支庁	河南町支庁	桃生町支庁	北上町支庁	牡鹿町支庁	合計
04年4月	1,252	172	129	188	101	98	171	2,111
11年4月	1,248	94	62	109	59	50	95	1,717
比較	▲4	▲78	▲67	▲79	▲42	▲48	▲76	▲394

（出典：池田清氏作表「復興の正義と倫理39㌻」）

図２

農村はコミュニティがしっかりしていたところでしたので、全員避難をして被害を免れたところも少なくなかったことでした。気仙沼に小泉地区という所がありますが、ここでも164名の方全員が高台に難を逃れ、その後もいち早く復興住宅を建てる自主計画など、コミュニティの力を存分に発揮している一方で、コミュニティのない所は対照的に復興に非常に苦労しているのも現状です。

5．大震災と市町村広域合併

そして指摘しなければならないのは、広域合併による弊害で、事後の災害対策を非常に困難にしています（図2）。石巻市を例に挙げますと、2005年のいわゆる平成の大合併で、既存の石巻市に周辺6町を編入合併する形で誕生しました。とはいえリアス式海岸の土地柄ですから隣の集落まで車で45分もかかることも珍しくない町同

社会的弱者の被災状況

●社会的弱者の被災状況

障害者手帳所有者の震災死は1,027人

全住民死亡率1.03%の2．5倍の死亡率(2.5%)

(身体障害者915人、知的障害者60人、精神障害者60人)

●生活保護者の死亡率

石巻市4.2%　東松島市4.1%　気仙沼市4.0%

●医療機関の被災状況

施設種	全数（箇所）	全壊		一部損壊	
		数	%	数	%
病院	147	5	3.4	123	83.7
医科診	1,580	67	4.2	316	20.0
歯科診	1,047	59	5.6	325	31.0
合計	2,774	131	4.7	764	27.5

図3

士が合併すれば、市職員や住民同士が顔見知りであるはずもなく、行政が誰が被災したかの把握すら困難にしました。加えて合併に伴い、現支所（旧町役場）では50パーセント以上も職員を削減したために、被災者の調査や救援物資のマネジメントなどに人手が足りず行政の麻痺を招きました。また、予算面でも10年間で２兆円の復興予算がつくと言いますが、被災前の予算規模が７００億円の人員体制でしたので、年額換算２０００億円という約３倍もの予算を執行するには、市職員総出で昼夜を問わず、どう頑張っても到底人手が足りません。雄勝地区（旧雄勝町）の住人が集団移転を決意し人数に相応な移転地も決まりかけていたところ、市の復興局長がその移転地には計画の倍の人数を割り当てなくてはならなくなったと言い出したため、移転計画そのものが宙に浮いてしまう事態となり、追及をしようにも復興局長もくたくたで、質問

宮城・岩手両県の復興計画の比較

宮城県

基本理念 「創造的復興」

民間資本導入による復興 → 「水産業復興特区」「農と食のフロンティア事業」

巨大防潮堤構想

被災地ビジネスの展開 → ガレキ処理は大手ゼネコンへ
中小企業向けグループ補助金（第一次）分は大手企業へ

被災地でビック・プロジェクトの展開 → メディカル・メガバンク構想
リニアコライダー構想
メガソーラ基地創設

被災者の権利は尊重せず、コミュニティの軽視

復興構想会議メンバーは大半県外

岩手県

基本理念 「被災者の人間らしい『暮らし』『学び』『仕事』を確保し、
一人ひとりの幸福追求権を確保する」

復興テーマ「なりわい（生業）」の再生

復興構想会議のメンバーは全員県内の各界代表

図４

すらできそうになく、むしろ行政にも支援が必要なのではと実感できる状況になっているのがいまの石巻です。これらはみな広域合併による弊害といえ、東北地方特有のものなのかは考える必要があります。

6. 社会的弱者は震災弱者

それから、社会的弱者とされる方々の被災も、重視される必要があります（図３）。障害者手帳所有者の震災死は１０２７名にものぼり、全住民の震災死亡率が１パーセント程度なのに対し、２・５パーセントの死亡率となり、社会的弱者は災害弱者でもあるといえます。また医療機関も被災していますから、持病を抱える患者さん同士が携帯電話で連絡を取り合い、薬を融通できないかと相談し合う場面も見られました。避難所での障害者への対応なども含め、救援体制の議論を最優先に深めていく必要があると思います。

復興庁設置のおくれと復興理念、手法の検討不足

2004. 12. 2スマトラ沖地震 M9.1、死者20万人
2005. 2 被災国による国際会議開催——宣言採決
宣言要旨
津波被害では、まず、人命救助と復旧が要請される。ついで、漁業、水産業、農業、観光、コミュニティーの復興と漁業における女性労働への配慮
インドネシア政府の取り組み
2005. 4 インドネシア政府、最大被災州アチェ州の州都バンダ・アチェに復興庁設置（100日かけて国会で、復興全権を復興庁に委譲決定）
長官——「私が書類にサインする段階で、その案件は着手されてなければならない」
「1年目は、全員に感謝され、2年目に不正、苦情が多発、3年目に普通の生活、4年目09′4月解散

図５

Ⅲ．国・県の対応

1．復興理念と被災とのギャップ

これらの被災状況に対し、県や国は何をやってきたかといいますと、宮城県ではまず「創造的復興」を掲げました（図4）。これは同様に創造的復興を掲げた阪神淡路大震災で、当時の貝原兵庫県知事がのちに新聞紙上で、あれは失敗だったと思うと言わしめたものにもかかわらず、またも同じスローガンを打ち出したのです。宮城はとくにその典型でして、農業・漁業に関しても企業化をしていかねばならないとして、水産業復興特区と農と食のフロンティア推進特区を創設しました。また国は作ると言っていた復興庁は、震災から実に352日目にスタートしました。一方で、2004年末に起きたスマトラ沖地震では、震災発生から2ヵ月あまりで被災周辺国が国際会議を開き、救援体制と復興方針

岩手県復興会議の議論（抜粋）

第一回県大震災津波復興委員会での委員・知事発言（抜粋）

・大井（県漁連会長）：今は、少ない船を共同精神で共同利用で乗り切る。
水産業は、生産から流通・消費まで一貫したライン、これのラインに沿って復旧にご尽力願いたい。宮古、久慈の漁港機能は少し残っている。

・高橋（県銀行協会会長）：復興のあたり、今まで全県に浅く広くお金：人・物を投入してきたが、今回は内陸の方々に、県民一丸となって沿岸の復興を支えていくのだという内容の宣言がほしい。

・石川（県医師会会長）今は、都道府県から応援をもらっていますが、表立っては言えませんが、いつこのチームが徴収するか。その辺を十分に考えながら、内陸部の医師の応援態勢をきっちりつくることを決定しています。

・桑島（県社協会長）高齢者の方々、幼児保育の方々に安心感を早く与えたい。
その希望をもって、当面困難な状況の中で、活動しております。

・田中（久慈市NPO代表）我々はハードのところは詳しくありませんが、内陸との連携を図りつつ、コミュニティのバックアップに尽力したい

図6

を確認、これを受けてインドネシア政府は震災発生から１１０日で最大の被災州であるアチェ州に復興庁を暫定設置、海外からのボランティアの入国をも復興庁長官の判一つで済ませるに至るまで、復興に関する全権を委ねました。これに比べ日本では、キックオフといってボールを蹴ったものの、権限も詰めずに現場に行ったものだから、言える言葉もなく暴言を吐いた揚句に、レッドカードで退場させられた長官を輩出するなどは、あまりにお粗末です。即座にきちっとできる体制づくりを国には望みます（図５）。

２．県の復興理念の重要性

次に県ごとの復興の対応を比べてみますと、宮城県は先ほども言いました創造的復興を基本理念に掲げ、特区を設置し民間資本の誘致や巨大防潮堤構想、瓦礫処理など被災地ビジネスも大手ゼネコンに託し、復

宮城の復興構想会議

- 復興会議メンバー12人中、宮城県関係者は2名（東北大関係者）
- 議長（小宮山宏氏）は三菱総研理事長、副議長2名の一人は日本総研理事長、野村総研顧問も委員に加わる。
- 岩手県は16名全員が県内者。福島県は11名中3名のみ県外者。
- 4回の会議のうち第1回のみ仙台で開催の予定であったが、県民の批判により、最終回を仙台会場に変更。
- 小宮山議長、現地視察の際、ポケットに手を突っ込んで歩く姿が新聞1面に掲載。

（「男はつらいよ　寅次郎紅の花」1995年12月公開の神戸ロケで渥美清は「ここで多くの方の命がうしなわれたんですね」とかみしめるように呟きながら長田商店街を歩いたというのに。）

図７

興構想会議メンバーは12人中10人を県外から招き入れるなど県内企業や地元コミュニティを軽視した施策ばかりです。それに対し岩手県では基本理念で「被災者の人間らしい『暮らし』『学び』『仕事』を確保し、一人ひとりの幸福追求権を確保する」と明言し、復興テーマとして「安全の確保」「暮らしの再生」そして「なりわい（生業）」の再生を掲げ、復興構想会議メンバーも全員が県内の農協、漁協、銀行組合、ＮＰＯなど各界代表からなっています（図６）。復興構想会議自体も宮城県では４回のうち１回目だけを仙台で、あとは東京で開催する予定だったものが県民からの批判で最終回の開催が仙台に変更したり、復興構想会議議長がポケットに手を突っ込んで現地視察を行う姿が新聞一面に掲載され議長自身の資質も問われるなど、復興構想会議のあり方そのものに問題があるのに対し（図７）岩手県では先ほども申しましたように漁連

中小企業グループ補助金（第一次）の配分比較

宮城県

市町村	グループ名	業種	参加数
大崎市	アルプス電気	電子部品製造業	11
	古川NDK	水晶振動子等製造	2
岩沼市	臨空工業団地自動車部品供給	金属プレス加工等	2
	共和アルミニウム工業	金属表面処理等	2
	臨空地域中核企業	金属プレス加工	9
栗原市	スマートフォンガラス基板等	ガラス基板加工等	3
山元町	ダイカスト山元地域復興	ダイカスト製品等	4
美里町	東京エレクトロン宮城サプライチェーン	金属加工等	4
石巻市	日本製紙石巻工場	紙パルプ製造	36
	船舶製造･修繕産業集積	新造船･修理等	19
仙台市	東洋刃物	工業用機械刃物製造	5
気仙沼市	漁港機能再建対策委員会	新造船･修理等	58
女川町	魚市場買受人協同組合	水産加工業	58
南三陸町	地区水産加工業復興	水産加工業	19

岩手県

市町村	グループ名	業種	参加数
釜石市	釜石水産物流加工	水産加工業	17
	釜石、大槌地区造船関連	造船業	8
大槌町	シーサイドタウンマスト	小売業	30
大船渡	地域水産食品加工	水産加工業	36
久慈市	県北水産加工拠点整備	水産加工業	19
	久慈地域造船	造船業	4
宮古市	宮古山田水産加工業	水産加工業	39
	沿岸電子部品製造業	電子部品製造業	17

（復興庁資料より作成）

図８

会長、医師会会長、NPO代表らなど、県内各界からの参加者がそれぞれにできることと要望をすり合わせ、復興への道筋を模索していっているところです。

また中小企業グループ補助金の配分先を見ても、宮城県では大手企業の下請けなどを中心にした企業に配分が偏っている半面、水産業などの地場産業は重視されているとは言い難い状況で、岩手県の第1回復興会議の席上、県漁連会長の「宮古・久慈の漁港は一部機能が使える」との発言をただちに申請に取り入れたのとは非常に対照的となっています（図8）。予算の使い方次第で県民の復興に対する意欲の大きな力にもなるものですから、今後も十分に議論をする必要があるといえます。

3．宮城は被災地ビジネスのモデル県

次に被災地ビジネスを見ますと、大きな問題となった瓦礫処理に関して、本来は

大手ゼネコンのガレキ処理事業参入

ブロック		共同企業体	契約金額（億円）	予定額に対する契約額の割合
気仙沼市		大成など10社	575億円	84%
南三陸町		清水など 7社	219億円	84%
石巻地区		鹿島など 9社	1924億円	84%
名亘地区	名取市	西松など 3社	162億円	84%
	岩沼市	間組など 5社	238億円	84%
	亘理町	大林など 7社	543億円	84%
	山元町	フジタなど7社	331億円	84%
宮城東部地区		JFEなど6社	235億円	84%
合　計			4227億円	

図9

市町村の責任で廃棄物を処理していたものを、震災による大量の瓦礫を処理するには市町村レベルではまかないきれないということになり、まったく経験のない県とまったく経験のない大手ゼネコンがこれを請け負うという非常事態になりました（図9）。図のとおりに大手ゼネコン揃い踏みで、各地域ごとに競争入札でやったはずにもかかわらず落札率はなぜかみな84％というのも、非常時とはいえ不思議な話です。これだけの大プロジェクトを県内企業が請け負えば復興の一助にもなるのに、なぜ直接請け負わないのかと宮城県の建設業協会との話し合いに行きましたが、逆にこれだけ大きな額のプロジェクトでは、大量の労働者や資機材を揃える必要があるため、これまで下請けでやってきた県内の建設会社の経営規模程度では、仮に受注してもこれまでの経験、技術、資金力が決定的に不足しており、実際に契約額が支払われるまで

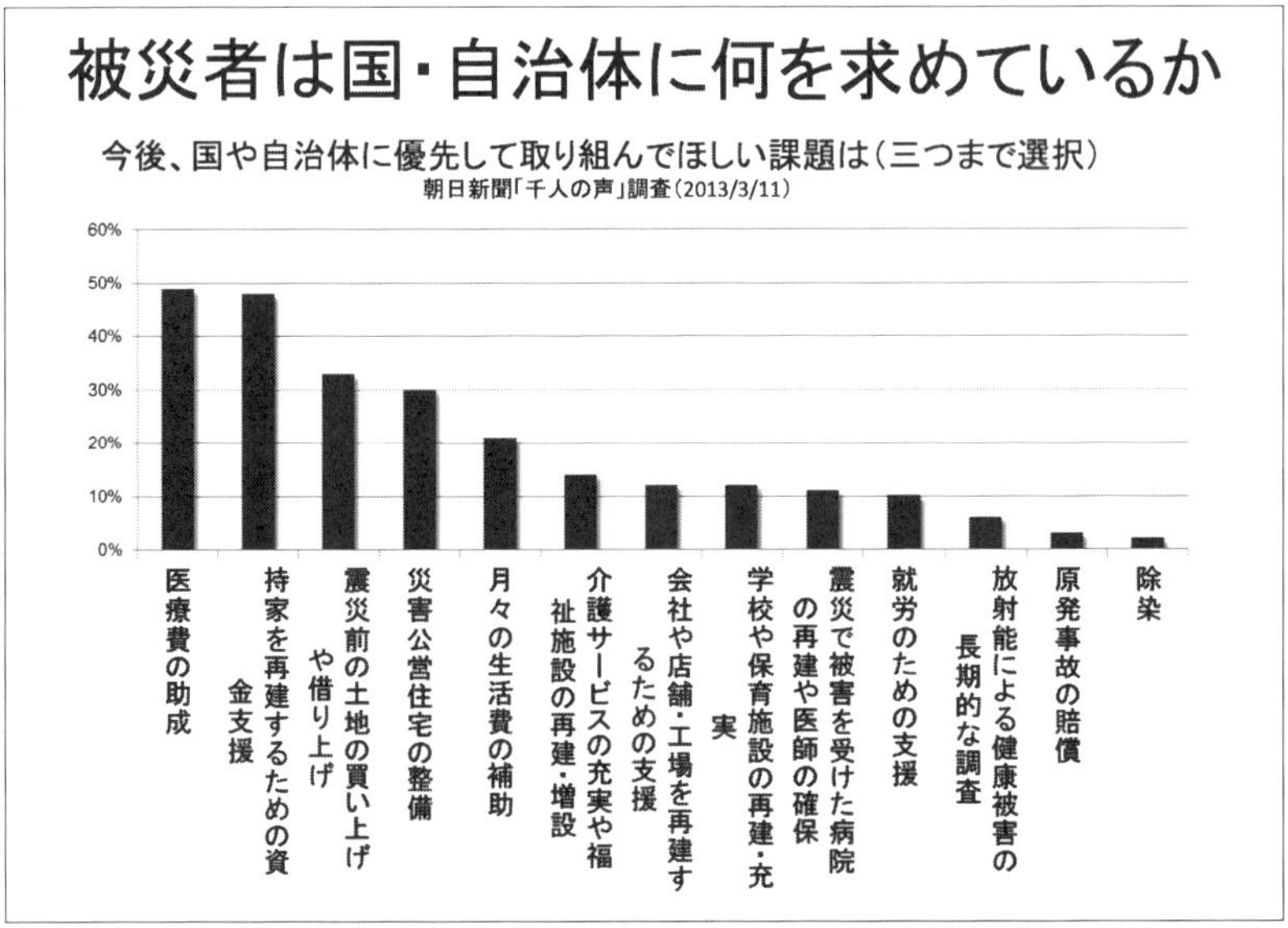

図10

の運転資金が続かないという答えでした。

Ⅳ．あらためて被災者の権利を考える

では被災者の権利とは何なのでしょうか。英語では復旧を rehabilitation といい、まさにリハビリがポイントとなるわけで、これをどうするかをきちんと考えていかねばなりません（図10）。具体的には、仮設住宅が被災者の rehabilitation の場としてきわめて重要です。

仮設住宅が阪神淡路大震災でも新潟県中越地震でもいろいろ問題になりましたが、阪神淡路では暑さを、新潟中越では寒さを経験しているはずなのですが、大手プレハブメーカーは、この経験をまったく生かしませんで、相変わらず暑くて寒いうえに結露で天井からしずくが滴る。にもかかわらず設置に350万円、撤去に150万円、それ以外にも追加工事費として400万から500万円を、平然と要求して合計で1000万円にもなり、これだけの額をプレハブにかけるくらいなら、個人の住宅の再建に投入してもいいのではないかという話は出ましたが、阪神淡路の時にできた生活再建支援法の上限300万円以上の公費は、私有財産に投じられないという原則は今回も突破できないでいます。ですから、とくにそういう意味で社会的弱者への日常的支援体制を、なによりも重視して整備していくことは、きわめて大切なことではないのかと痛感しています。

Ⅴ．東日本大震災から学んだ経験のいくつか

1．復興庁の抜本的役割強化の必要性

大雑把ですが以上が東日本大震災の被害状況とそれ以後起きている現実です。そのなかから

南海トラフ大地震への備えに対する教訓があるかといえば、一番感じたのは復興体制、とくに復興庁のあり方です。これだけ災害が予測されているのならば、復興庁の中身をどのような性格をもったものにするか国会できちんと議論をして、いざ災害が起こった時には、ただちにこれを立ち上げることができるようにしておくことです。今のままの40項目に分かれた予算一つとっても、母省に差し戻さないと執行できない体制では、現場自治体の行政に大きな負担をかけるだけで、田老地区の職員が「窓の外は瓦礫の山、庁舎の中は、ゴミ書類の山」と嘆くほどです。災害が大規模であればあるほど、全権を一元的に執行できる体制を事前に国会で決めてただちに設置期間を特定して発令できるよう、議論が進められないかと思います。

2. 社会的弱者への重点的、日常的配慮

二番目は社会的弱者への抜本的配慮の強化です。たとえば、福祉避難所の配置ですとか、ある面ではいわゆる弱者を重点に置いて、とにかく南海トラフの場合でもとにかく逃げるための万全の計画が必要と思います。この点に関して、石巻の議論を聞いてますと、平野部ですから車で逃げるのですが、渋滞で身動きが取れなくなる。歩道橋を復活させて歩道橋に逃げようというのもありましたが、どこに津波が来るのかわからないし、歩道橋でそんなにたくさんの人が収容できるわけではないうえ、歩道橋が落ちる可能性だってないわけではありません。しっかりした避難ビルが必要、しかし電気が来ないのでエレベーターが使えません。電気がない、水が来ない、ガスもないという状況で避難ビルということになれば自ずからどういう体制をとるか、という議論をしなくてはならないだろうと思います。やはりいろいろな現状把握と創意工夫が必要でして、その時に、いわゆる障害をもった人たちが、そこを利用できるかできない

かというようなことを含めて考えていくことが非常に大事ではないかと思います。そこまでやらないと本当の意味で安心して暮らしていけないということになるわけで、今、現に仙台市では支援がないために、被害のあったところに戻らざるをえない人たちが元に戻って住んでいます。従前地に戻った人たちは、とにかく近くに日常的に使えてかつ充実した避難場所を設置し、そこに歩いて行けるようにと協議を重ねています。

3．コミュニティの役割を重視

それから多様なコミュニティの形成となりますが、やはり復興後にも非常に地域で大切にしなければいけない学校について、避難所ビルを持った学校にしましょうという意見も有力です。ところが子どもたちにとってみれば、学校にいる時間というのは一日に3分の1ぐらいしかない、学校の登校時間に津波が来るとは限らないのですから、それだけでいいのだろうか、在宅していた子どもたちについて、どうするのか考えなければならないという課題も出てきます。もちろん、ですからそれでも地域に開かれた学校としてのコミュニティ、または避難所としての学校という位置づけをきちんとしないといけないのではないかと思います。仙台でもずいぶん学校に逃げ込んだ方がおられまして、学校の先生方が何の規定もないものですから校長先生などが自主的に相談窓口にたっていた、とそういう状況でした。そういうところもきちんとしなければいけないと思います。それからやはりあくまでも避難ということが非常に大事ではないかと思っています。

4．万全の初期的対応

それから事後的なことになりますと、被災者は、今なにを求めているかということです。一番は医療費の助成です。これは被災者については当初国が10割負担ということでしたが1年で打ち切りました。その代わり8割が国の負担するけれども2割は市町村がもちなさいということになりました。そこに我々は10割を国に要求すると同時に、県にも2割負担で、被災者の窓口負担ゼロの継続を２０１３年３月まで実現しましたが、４月に入って宮城県が打ち切りました。お金はあるのです。国の社会保障削減の第一歩を宮城からというのでしょうか。私たちは、これからも運動を続けます。ですから本当に切実なところの復興が大事なのですが、国の場合はそうではなくて、巨大防潮堤であり道路であったり、もちろんインフラ整備は大事ですから否定はできませんが、それは当たり前として、それ以外に人々の暮らしを一日も早く rehabilitation していくことが大事だと思います。

5．原発こそカギ

最後になりますけれども、なによりも防災計画の根本的なことは原発問題だと思います。原発事故が起きれば、間違いなくどんな防災計画もすべて水泡に帰すと考えます。やはりそういう意味では、原発の問題は防災面からも改めてしっかり考えなければいけないと思います。国会の事故調査委員会でも、地震との因果関係はありとしています。科学的に総合的に住民の暮らしを最優先に考えていくことが今求められていると思います。

浜岡原発の危険性と放射線被曝について

林　弘文

はじめに

中部電力の浜岡原発は、御前崎の西８㎞のところに１号から５号までの原子炉があります。１号と２号は運転時間がそれぞれ33年と31年となり、老朽化が進んで修理費がかさむことから、中部電力は２００９年に廃炉を決めました。

東日本大震災のあと、東海地震が30年以内に起きる確率が80％以上の高さと知り、当時の菅直人総理が中部電力に要請して運転中だった４号と５号が停止をしました。しかし停止したその日に、５号の復水器のふたが外れ、約４００トンの海水が流れ込み、細管が壊され原子炉内に入り込みました。うち５トンは圧力容器に入り、内貼りのステンレスを侵食しました。

現在、中部電力は原発の海側に防波堤を建設中です。海水面から高さ18ｍ防波堤が２０１２年12月に完成しましたが、さらに高い津波の予測が出たことから４ｍかさ上げの工事に着手し、２０１５年に完成予定です。冷却用海水の取水塔は海岸から沖６００ｍの距離にあり、津波が来た際にこの取水溝を通して原発敷地内に海水が入り込む可能性があります。

日本の原発は現在50基あり、10の電力会社が所有しています。

日本原子力発電（原電）は、イギリスからコールダーホール改良型原子炉を導入するために作られた会社で、電力会社とメーカーが株主です。導入された炉は1998年から廃炉になりました。福井県敦賀市にある原電・敦賀1号は、1970年に開催された大阪の万国博覧会会場に原子力の火を送った軽水炉1号で、すでに43年経過した老朽炉です。原電はその他に敦賀2号と茨城県東海村に東海第二を持っています。原子力規制委員会から同2号は活断層の上にあると指摘され、廃炉になると会社そのものが存立できなくなるので原電は、活断層の否定に躍起になっています。

廃炉は、東電・福島第一発電所1号〜4号が2011年から、中部電力・浜岡1、2号が2009年から、敦賀発電所の新型転換炉「ふげん」が2003年から始まっています。

一　浜岡原発の事故と白血病の犠牲者

浜岡原発の事故・故障の典型な例を挙げてみます。浜岡原発1号は1974年から運転開始の予定でしたが、再循環バイパス管に応力腐食割れのひびが入っているのが見つかって、2年遅れで1976年から運転開始しました。

1970年は富士市の製紙工場からでる製紙カスが港を埋めたヘドロによる公害問題が顕著になり、静岡県では、県評、社会党、共産党、日本科学者会議、浜岡原発設置反対共闘会議、各地区労が公害対策静岡県連絡会議（公害連）を作り運動を始めました。浜岡原発問題も大きな課題として、科学技術庁や県と交渉をし、中部電力とは毎年、発生した浜岡事故について詳細な説明を求め、浜岡原発はやめるように要求してきました。

顕著な例として、1974年に1号の再循環配管に発見された応力腐食割れがあります。その後、応力腐食割れが原発内のいろいろな部品で起こりました。１９７７年には１号の圧力容器の給水スパージャ、圧力容器の制御棒駆動水戻りノズル部分に熱的疲労によるひび割れがあります。１９７８年に１号機の制御棒駆動水圧管１７８本すべてが腐食し交換した事例は世界にも例のない問題でした。

１９８８年には、１号の圧力容器底部に溶接されているインコアモニターハウジング（＊）の溶接部分がひび割れを起こして１次冷却水が漏れる事故が起きました。溶接のしすぎで逆にひび割れが発生したという、これも応力腐食割れの一つです。

（＊）インコアモニターハウジングとは、原子炉内部の核分裂の様子を見るために圧力容器の下部に溶接した中性子検出測定器をいれた容器をいう。福島原発事故で炉心が溶けて落下した核燃料は、その崩壊熱でこの溶接部分を溶かして格納容器まで落ちていったと推測されます。

１９８９年には３号機の主蒸気隔離弁の不作動がありました。原子炉には４本の主蒸気管があって、それぞれ2個ずつの隔離弁があります。それは弁箱の中をガイドリブというレールの上を弁体が移動して、蒸気を止めたり通したりします。蒸気が弁体に当っておこる振動でレールが削られ、弁箱の中で弁体が動かなくなる事故でした。主蒸気が止められないと大変だと運転中も絶えずテストしているそうです。福島事故でも強い振動で弁体が動かなくなることがあったのではないかと想像されます。

２００1年には、1号機で緊急炉心冷却系につながる配管内で水素爆発が起こり破断しました。放射線による水分解で水素ガスが発生して配管に貯まって起こったのではないかと推定されています。

浜岡原発で大きな問題は、孫請け労働者の嶋橋伸之さん（29歳）が高校卒業後から8年9ヵ月ほど働いて、1991年に慢性骨髄性白血病で死亡した件でした。被曝累積線量は50ミリシーベルトを少し超えていました。ご両親の執念で全国的な署名運動になり、労災認定されました。お母さんの嶋橋美智子さんの本『息子は死んだ』（新読書社刊）が今年出版されました。福島原発でも同じ病気で労災認定された労働者がいますが、名前は公表されません。

広島・長崎原爆の被爆者とまったく同じく、被爆したことを隠さないと社会的不利になると考えて公表しなかったと推察されます。数少なくない方が放射線被曝で被害を受けていると想像されます。厚生労働省が2010年に、日本の原発は、外国の原発に比べて検査の時間が異常に長く延び、集団線量が多いと危惧の報告をしています。

二　放射線被曝の影響、がんの発生

次に放射線被曝の影響について説明します。放射線被曝の影響としては、広島・長崎の被爆者のが非常に貴重なデータを残しています。広島・長崎原爆は、残酷な人体実験でした。医療用エックス線照射によるデータとともに貴重なデータです。

原発推進者たちは「年間1ミリシーベルトの被曝は自然放射線と同程度で問題はない」とか、「累積線量100mSvでは、影響がでない」と主張し続けています。

広島・長崎原爆による放射線被爆から、約4シーベルト被爆は、浴びた集団の半数が2ヵ月の間に死亡する半致死量であり、約7シーベルトは浴びた集団全員が2ヵ月の間に死亡する全致死量であることが判明しました。

（1シーベルト＝1000ミリシーベルト（mSv）＝100万マイクロシーベルト（μSv））。

ガンマ線やエックス線の放射線から、体重1キログラム当たり1ジュールのエネルギーを受けた吸収線量を1グレイ(Gy)と言います。少し前にはラドという単位が使われていました。（1グレイ＝100ラド）。

人体に与える放射線の影響は、同じ1グレイでも、ガンマ線か、アルファ線か、中性子線か、と放射線の種類によって違います。その影響をシーベルト（Sv）という単位で表します。

ここではガンマ線とエックス線に限定し、1グレイ＝1シーベルトとして扱います。（アルファ線では、1グレイは20シーベルト（Sv）の影響を与えます。）

福島の事故発生から2013年3月末までの2年間の累積線量を見ますと、浪江町津島では90ミリシーベルト（mSv）、飯舘村長尾では105ミリシーベルト（mSv）です。これは先ほどご紹介した嶋橋さんが約9年の勤務で約51ミリシーベルト（mSv）を被曝されて、白血病で死亡したことを考えると、非常に汚染された地域とわかります。参考までに、静岡市の値を同じ2年間期間で計算してみると、0・032×24×365×2＝0・56ミリシーベルト（mSv）です。

1963年にゴフマンとタンプリンは、アメリカ原子力委員会（AEC）から放射線が生体に与える影響について長期的な研究を委託され、シーボーグAEC委員長から「好ましい結果であれ好ましくない結果であれ、自分たちが欲しいのは真実である」と保証を受け研究を始めました。ところが、研究結果が、従来の説の20倍の害があると1971年に発表すると、先の保証を反故にしてアメリカ原子力委員会は、電力会社と組んで、ゴフマンとタンプリンを激しく個人攻撃しました。

ここで1971年に発表されたゴフマン・タンプリンの論文「放射線による発がんの疫学的研究」を読むと「すべてのがんは、確率的に電離放射線量とともに増加する。正確には、がんは自然発生のがん死を2倍にする倍加線量によって定量的に表すことができる」、「すべてのがん（白血病以外）に対しては、ほぼ等しい倍加線量である」、「若い者は、年齢の大きい人より、同じ放射線被曝線量でも、がんの死亡率が高くなる」、などあります。

がんは、白血病と固形がん（白血病をのぞいたがん）に大別されます。ここでは、固形がんのことを「がん」と表現します。

広島・長崎原爆による白血病は、被曝後3～5年後に発症を始め、30年を超えるとほとんど出なくなります。これに対してがんは、被曝後10年位の潜伏期を経て、自然発生のがんを上まわり、増加し続けて広島長崎原爆投下から68年を経つ現在、そのピークを迎えるのではと推定されています。

三　低線量被曝によるがんの発生

次に「集団線量」と「がん線量」の考えの説明をします。個々の人が浴びた線量とそれを浴びた人数をかけたものを「集団線量」と呼びます。「人・mSv」の単位で表します。たとえば1万人の集団がいて、一様に100ミリシーベルト（mSv）を浴びたとしますと、その集団線量は

１０，０００人×１００mSv＝１，０００，０００（人・mSv）＝１，０００（人・Sv）

となります。上の計算の最後で、mSvをSvの単位に変えたことに注意してください。

「がん線量」とは、放射線を浴びた集団から、被曝後の数十年間にがんで一名が死亡する最低の線量です。「人・Sv／件」の単位で表します。

ゴフマンは広島・長崎の原爆の被爆者の追跡調査データと医療関係データから、2グレイ以下の被曝では、被曝線量とがん死数はほぼ正確に比例しているなど、貴重な関係を導きました。

ゴフマンは、がん線量を2・68（人・Sv／件）としました。

前の集団線量、10，000人×100mSv＝1，000，000（人・mSv）＝1，000（人・Sv）を、ゴフマンのがん線量2・68（人・Sv／件）でわると、被曝後数十年間の間に発生するがん死亡の予想数は、1，000（人・Sv）÷2・68（人・Sv／件）＝373（件）＝373人

となります。1万人に対して373名のがん死は無視できません。

「がん線量」の代わりに、「リスク係数」というのがあります。がん線量の逆数です。

がん死亡の予想数＝リスク係数×集団線量（人・Sv）

と書けます。

ゴフマンのリスク係数は0.37、アメリカ科学アカデミーのリスク係数は0.10、国際放射線防護委員会（ICRP）のリスク係数は0・055です。ICRPが放射線被曝に対していかに甘いか、理解できるでしょう。

広島の放射線影響研究所（放影研）の最近の報告では、固形がんの場合は線量と影響は比例すると述べています。1グレイ当たりの過剰相対危険度は、30歳で被曝して70歳時点で約50％と述べて、しきいち線量（これ以下では影響ゼロという線量）の値ゼロが妥当としています。白血病については線量との影響は非線形としていますが、ゴフマンの分析結果をグラフにすると線量と白血病とは比例関係を示しています。

福島原発事故による被曝の影響は、集団線量を推定していかねばなりませんが、これからの課題です。

おわりに　放射性廃棄物とプルトニウムの処分問題

浜岡原発について、現在三つの裁判が進行しています。一つは２００２年に中部電力に対し１～４号機の運転停止を求め起こしたもので、現在、東京高裁で審理中です。二つ目は、５号機についてはは２０１２年12月に運転差し止めを求めた訴訟、三つ目は私が関っていて、中部電力を被告に第１次から４次までの原告団と、国と中部電力を被告にした第５次訴訟です。これらの訴訟の原告総数は３３６名、弁護団は19名です。５次からは原発は国策として国の原子力政策としてすすめられてきたので国を被告にする以外にはないと考えました。

国も相手取った民事訴訟は九州電力の玄海・川内原発に対する裁判に続いて二例目となります。さらに第６次を富士川以東の東電管内の住民を原告団に呼びかけて予定しています。これまでは原発の危険性が争点でしたが、放射性廃棄物の問題も取り上げていくこととしました。

この放射性廃棄物の処分については、高レベル、低レベルを問わず、国の原子力政策では見通しはまったく立っていません。低レベル放射性物質として被災地の瓦礫処分問題で表面化しました。国が原子力政策を推し進めてから50年あまりたった今も見通しがゼロ、廃棄物処分場の土地提供に名乗りを上げる自治体もいまだにゼロの状況です。原発の安全性と高レベル放射性廃棄物の処分は、原発を考えるときに避けることができない課題です。

経済産業省資源エネルギー庁は原発推進の中核です。日本物理学会のシンポジウムにおいて、原子力委員会の鈴木達治郎委員長代理が個人的見解としながらも、高レベル放射性廃棄物について今後は直接処分（使用済み核燃料を容器にいれて保管すること）を考えていると発言しました。使用済み核燃料の処分方法には、再処理をするか、原発敷地に保管するか、六ヶ所村中間貯蔵施設に保管するかの三つの方法があり、このうち後二者が直接処分といわれます。経産省資源エネルギー庁は、以前から進めていた再処理を再び推進しようとしています。核燃料サイクル事業に、今までどれだけの税金が投入されてきたか、高速増殖炉もんじゅに約1兆円、再処理に1兆円使われたといわれます。

プルトニウムの在庫は、国内は約9トン、イギリスとフランスに17トンずつあり、合計で43トン（このうち核分裂性プルトニウムは約31トン）です。日本は、世界に対して「余剰プルトニウムをもたない」と公約しているため、プルトニウムの削減は至上命令です。

高速増殖炉「もんじゅ」がプルトニウムを燃やして消費できない今、軽水炉でプルトニウムをウラン燃料に混ぜたMOX燃料を燃やすことに、原子力安全・保安院がなりふり構わなかったことで、国民のひんしゅくを受け昨年解体されました。それに代わって設置された原子力規制委員会が、今年7月8日に施行された新規制基準で、提出された四つの電力会社の12の原子炉の審査中ですが、審査のために経済産業省からの派遣職員を要請したことは、その独立性を否定するものです。

わたしたち科学者は市民に協力して、市民自身が放射線影響の専門家になる必要があります。彼らが十分な情報をもてば、原発推進者たちのニセ専門家の「安全神話」にだまされることはないと思っています。また安全性だけでなく、放射性廃棄物も問題にしていかなくてはなりません。

福島第一原発事故では、溶けだした核燃料を回収するのは極めて困難です。今後40年以上の時間と費やす予算、労働者の被曝を考えると、健全な原発を廃炉にしてしまうことを勧めます。残念ながら、安倍自民党政権は、破たんした原子力政策にしがみついています。国は、再生可能エネルギーの研究・開発に全力を挙げていくべきだと思います。

過疎地自治体における災害未然防止のための対応策の現状と課題

前田　定孝

住民の生命・財産をいかに守るか――「殿役《しんがり》」としての行政法学

過疎地自治体における災害未然防止のための対応策の現状と課題ということでお話をさせていただきます。

先ほどからご説明があったように、数年から数十年で西南日本でも震災が予想されているわけですが、東日本のそれを上回る大規模性、複合性、超広域性、長期性を想定した対策が求められています。私の専門は行政法学ですので、この観点から三重県を例にとりお話しします。

まず国家に権限・権力を委ねるという際に――これは法律に基づいて主権者たる国民が委ねることになるわけですが――、国家がどのような公共の仕事を担うのか、国民や住民は国家になにを、どの範囲でやらせるかを検討するのが重要な課題です。そこで災害復旧という場合には、自然科学や経済的・社会的な諸関係を踏まえたうえで、国や自治体になにをやらせるのか、そこでの国民・住民の権利、および国・自治体の権限の範囲を明らかにするというのがわれわれの役割だと思います。そういう意味では、諸科学のなかで行政法学という分野は、最後に出てくる殿役《しんがり》として、さまざまな制度を通じて国・自治体に国民・住民の生命や財産を保障させる、そのあり方を問い、さしあたりの回答を導くというのが課題であると考えています。自然の事象に起因する災害に際し、国や自治体が実施する避難、救助、復旧、復興という一連のとりくみについて、第一に実施主体である行政、とりわけ市町村の施策の有効性が確保されなければならず、第二にそれは、法治主義的でなければならないと思います。そこでは間違っても、国家権力が緊急事態の名のもとに、惨事に便乗して暴走するようなことはゆるされません。

住民の生命と財産を守るのは市町村の責務

さて、以下では、この間の三重県の市町――三重県では合併により村がなくなりましたので市町になりますが――の施策を見ていきたいと思います。

それに先立ち、まず災害対策法制上の市町村の権限と責任はどのように定められているのかを簡単にご説明します。災害対策行政は市町村中心主義を採用しています。そこでは、市町村が地域防災計画を策定し、実施することが予定されています。そこで想定される災害とは、主として風水害と地震です。したがって、地域防災計画も、主として風水害対策編と震災対策編から構成されています。なお、三重県津市は2011年11月に津波災害対策編を策定しています。さらに若干特徴的な自治体として、たとえば中電浜岡原子力発電所のある御前崎市は、原子力災害対策編も策定しています。ちなみに神奈川県横須賀市も、アメリカの原子力航空母艦の基地であることから、原子力災害対策編を策定しています。

地域防災計画の構造は、行政資源調達行政計画と位置づけられ、災害対策基本法42条2項により、大まかに

・自然の事象の災害への転化を未然防止しまたは最小化すること

・応急的な対応、たとえば救助すること、避難させること、および休息場所を確保すること
・市民生活の安定のための緊急措置および公共施設の災害復旧・復興について計画することになります。

なお、防災計画といいましてもさまざまなレベルのものがありまして、災害対策基本法上、市町村の地域防災計画のほか都道府県の地域防災計画があります。国については防災基本計画があり、同時に各府省には防災業務計画があります。それぞれの関係でいいますと、市町村については災害対策基本法5条で市町村の住民の生命、身体および財産を災害から保護するための計画作成および実施を規定するとされ、都道府県についても同法4条がその区域内の市町村の防災の事務と業務を助け総合調整を担うとし、また国は3条により総合調整に加えて経費負担の適正化を図るよう定めています。同時に、いわゆる計画整合の原則として、都道府県の計画は国の防災基本計画および各府省の防災業務計画に、市町村の計画は国および都道府県の計画に整合することが義務づけられています。

しかしながら、災害対策基本法上は、市町村長は「応急措置」の第1次的な実施権を有し、都道府県はこれを助け・総合調整を行い、国も地方公共団体の実施の推進と総合調整をするものと規定されていること、市町村長は、災害が発生し、またはその恐れがある場合、法令又は地域防災計画の定めるところにより、災害の発生の防御・拡大の防止のため必要な応急措置をすみやかに実施しなければならないとされていること（62条1項）、ならびに応急措置については、災害対策基本法は市町村長に、警戒区域指定権・退去命令権（63条）、土地・建物その他の工作物等の使用権・収用権（64条）、住民又は現場にある者に対する緊急措置の従事命令権（64条）等強制権を付与しているなど、いわゆる市町村中心主義が採用されています。

同時に災害時の実行部隊である消防職員や消防団員に対しても、消防組織法に基づき市町村長が消防本部、消防署、消防団を指揮監督することになります。

しかしながら、基礎的地方公共団体である市町村は、たとえ「身近な行政」を担うものであったとしても、その規模が小さくなればなるほど、災害の大規模化につれて、その人員および財政上、適切な対応ができなくなります。そこで若干の大規模化にともない、災害救助法が適用されます。この法律は１９４６年の南海地震を契機に制定されたものです。この法律は、１９５９年の伊勢湾台風を契機に災害対策基本法が制定され、こちらの方がいわゆる一般法となったため、災害救助法は災害対策基本法の特別法として位置づけられています。したがって、たとえば3万人以上5万人未満の自治体の場合、30軒の住家が滅失した世帯が発生したような災害については、災害救助法施行令の基準に基づいて、災害救助法が適用されます。この場合、同法の実施主体は都道府県知事となります。そして災害救助法上の事務は法定受託事務とされています。この法定受託事務とは、「国が本来果たすべき役割に係るものであって、国においてその適正な処理を確保する必要があるものとして法律又はこれに基づく政令に特に定める」事務であり、都道府県や市町村に受託させるものです。この場合災害救助法上の事務は、――法改正によって内閣府が権限を移譲されたものの――厚生労働省のさまざまな処理基準等に基づいて都道府県が権限を担うことになります。このあたりから市町村の権限が相当程度制限されることになり、たとえば災害時に被災者に支給される食事の金額が事実上一定以下に制限されるなどのさまざまな限界を露呈する原因にもなっています。

ではなぜ市町村中心主義なのか。被災地における災害の状況が地域ごとに違うからにほかなりません。東日本大震災と一言でいっても、災害の対応というのは各県、各市町村、さらには津々浦々で異なりました。同様に三重県でも鳥羽から北の伊勢湾岸と、志摩から南の太平洋沿岸部では、想定される災害の発生形態も違ってきます。しかしながら、そもそも災害対策基本法は、それほど大規模な災害を想定したものでもありませんでした。自然の事象とそれにともなう災害が大規模化すればするほど、緊急対応時に、できるだけ多くの救助リソースが一気に現地に投入される必要が出てきます。そこでは、そのような力量を有する者が提供主体とならざるをえません。

しかし、その後の段階においては、地域の多様性に応じて、その実施においてもできるだけ現地の住民に身近な行政が提供できるような法解釈・運用がされなければならないでしょう。私見ですが、巨大災害においては、行方不明者の捜索・救助、物資支給など初動段階では広域的な対応を実施し、その後の対応についてはできるだけ市町村単位、さらには地区単位で実施することが望ましいと考えます。

南海トラフ型地震・津波からの復旧・復興では大規模市町村合併の影響が予想される

これらの前提のもとに、東日本大震災後の三重県各市町の防災行政がこの間どのような対応をしているか、紹介します。

先ほど綱島先生がご講演でも言及されました平成の大合併により、たとえば津市は10市町村もの市町村が合併してしまい、職員数も石巻市などと同様に大幅に削減され、地域の力も相当弱まっていると予想されます。一例ですが、津市に美杉地域という旧村地域があるのですが、旧村時代に策定されていた地域防災計画は緊急時にそれぞれの村職員がどのように担当するのかなどが明記されるなど、非常に実践的なものであり、かつその村職員自身も同村在住者がほとんどでした。ところが、合併後は旧市町村単位で設置された「総合支所」の「業務編成表」となり、同時に支所職員も大幅に削減されたばかりか、在村の職員も人事異動で他の総合支所や本庁に異動になる人が多く、結果的に旧美杉村というまとまりで見た場合の力量が大幅に低下してしまいました。そのことも踏まえて、見ていきたいと思います。

「まず逃げる！」三重県内各市町の対応

調査は漁村部の尾鷲、志摩、鳥羽と、都市部の津、四日市からの報告になります。

津市では先ほども触れましたように２０１１年に津波災害対策編を策定しました。これに対して他の市町は、国や県の被害想定基準待ちで、いまだ策定途上にあります。これは先ほどの市町村中心主義の計画整合の原則からそうならざるをえない面もありますが、自分の地域で起こりうる災害をいかに認識していかに対応するかという問題ですから、各自治体も策定を急いでいます。

東日本大震災を受けて三重県内の市町村は、主として避難に防災対策の重きを置いているように思われます。とくに津波の発生から到達までの時間が短いとされる尾鷲、志摩、鳥羽の漁村部の緊張感は非常に強く、津波警報のあと、いかに迅速に住民を避難させるかを共通の問題意識としてもっています。

尾鷲市では総務省消防庁からの情報を衛星を通じて市の防災行政無線を自動起動させ、住民に知らせる全国瞬時警報システム（Ｊアラート）を整備し、また津波には文部科学省のプロジェクトで海洋研究開発機構が実施する地震・津波観測監視システムの実施およびＧＰＳ波浪計の設置を行っています。同時に尾鷲市は全国的にも多雨地域で毎年台風も通過する地域であることから、土砂災害対策としても土砂災害情報相互通報システムを整備し、雨量計や各地区に監視カメラを設置し、市の災害対策本部で常時監視できるようにして、土砂崩れによる集落孤立を警戒しています。また市民や法人との協力体制として「尾鷲市災害時防災支援協力員」の設置、アマチュア無線による災害情報の収集・伝達について「災害時非常無線通信の協力に関する協定」を尾鷲ロールコールクラブと、おわせ海洋深層水しお学舎との間で「避難所施設利用に関する協定」を締結しました。くわえて、尾鷲市建設業協会との間で「災害時施設利用に関する協定」を、それぞれ締結しています。とりわけ、災害時には、現在われわれが日常あたりまえのように使っているインターネットや携帯電話などの近代的なツールがどこまで使えるのか、非常に心配です。兵庫県南部地震発災直後にしても東北地方太平洋沖地震発災直後にしても、しばらくすると電話や携帯電話が実質的に使えなくなりました。その点で、アマチュア無線というアナログな通信手段を活用するという発想には、重要なポイントが含まれると私は考えています。

志摩市は現在、浸水予想図を策定中で、起伏の多いリアス式海岸において、全体として現在の居住地域の多くがそのまま浸水予想区域になりえることから、市内の寺社から多数発見された明応の津波に際しての記録を整理し、浸水マップ策定などに役立てています。

流通をはじめ交通ルートの確保は今後の課題です。たとえば鳥羽市は、北側の伊勢市側および南側の志摩市側に通じる道路が崩壊し孤立する可能性が指摘されています。

一方都市部の津と四日市では「津市沿岸地域標高マップ」「四日市市津波避難マップ」を作成、配布しています。実はこれを見ますと私の勤める三重大学も非常な危険地帯です。ご存知かもしれませんが「シーサイドキャンパス」というのが昔は宣伝文句でしたが、今は逆効果です。

誰が誰を避難させるか、避難時の食料をどう確保するか

次に災害救助の手段です。避難したあとの食料その他の物資調達と災害時要援護者対策について見ていきたいと思います。

災害時の物資調達については、輸送にかかわる道路復旧やガソリン不足が問題になります。内閣府では輸送業者など専門企業と公的機関の連携が可能となるよう、あらかじめ環境整備を進めることが重要とされました。しかしながら、最近の物流はコスト管理の都合上余分に在庫を抱えない体制となっています。物資調達は市町村の地域防災計画の課題となっています。たとえば津や尾鷲では、イオンやコメリなどと協定を結び、物資調達を実施するとしていますが、あらためてその実効性の検証が必要と思われます。

災害時要援護者対策は、たとえば持病のあるお年寄りを誰がどこに避難させるのかを、2006年の内閣府のガイドラインをもとに各市町村が策定していたのですが、東日本大震災では、民生委員など支援者自身の避難で精一杯で、ほとんど機能しなかったという報告もあります。また支援者が要援護者の救援中に津波に巻き込まれたことなどもあり、誰がどこまで責任を負うのかとあわせて、見直しが求められます。そこでは、災害対策基本法でいう物的および人的公用負担、すなわち災害対策基本法に基づく住民に対する緊急措置への従事命令権との関係が慎重に検討されなければならないと思われます。

漁村部の鳥羽では、すでに確保されている要援護者を避難させる施設が津波で水没する可能性があることから、市立東中学校敷地内に増設中です。また同市答志島の桃取地区では、

２００６年の内閣府ガイドライン以前から同種の体制がとられていたとされています。四日市市では、すでに民間福祉施設など市内63施設との間で要援護者受け入れの協定を締結しています。しかし、実際に災害が発生した際に、ほんとうに所期の人数を受け入れてもらえるのかどうかは、その時にならないとわからないというのが問題です。四日市市によると、その際には、いったん市として引き受けたあと、他市町で受け入れてもらう方向で交渉をするとのことです。

この点に関連して、医療対策について今回は踏み込んだ調査はしていないのですが、医師不足などにより、公立病院が少なくなっている昨今において、東日本大震災を受けて災害時の医療体制をどう確保するかの方向性は示されておらず、今後問題となってくると思います。

避難体制は尾鷲の防災隣組が興味深いとりくみとして挙げられます。これは、高齢化が進むなかで独りで避難することが困難な住民を支援するため、日常的に互いに協力し合う組織としてつくられたもので、住民は災害の予兆現象を発見した場合に区長に報告し、区長は報告された予兆現象が三つ以上になった場合に、各班長に自主避難の開始を連絡し、その連絡を受けた住民は防災隣組ごとに避難場所である公民館などに避難するというものです。前述のように災害時に土砂崩れなどによって孤立化する可能性がある地区において、住民自身の意識改革のために、地区の自主避難ルールの制定や危険箇所マップの作成とともに実施されています。

みんなの智恵をあわせた地域防災計画、きめ細かな復旧・復興

さて、このように東日本大震災を受けて三重県内各市町は、住民の避難に重点を置いた施策を進めていますが、今後のとりくみにおいてどのような論点があるでしょうか。

まず地域防災計画にまつわる問題点として、第1に自治体職員すらもその内容を知っていないという問題があります。これは策定手続の問題がからんでいます。元来地域防災計画は、その相当の部分がコンサルタントによって起案されていたようです。しかしながら今後は、全職員が全課全庁を挙げて、それぞれの業務を見直すなかで、みずからの課題として策定することが大切であるといわれるようになってきています。

第2に東日本大震災において陸前高田市、大槌町、南三陸町、および女川町で各庁舎が津波によって破壊されたように、防災計画の司令塔である庁舎が破壊された場合にどうなるのかという問題です。「災害時に市役所が機能するしないがその後の復旧に決定的だった」、これは支援に入ったとある自治体労働者の弁です。この点、三重県内ではいくつかの役場の移転が検討されているようです。

第3には市町村合併との関係です。先ほどの綱島先生のお話のなかでもご指摘のとおり、地域防災計画を今後の市町でできることをどう考えていくかが必要でしょう。この点、2013年6月の法改正で、災害対策基本法42条3項で、地域防災計画のなかで、「市町村内の一定の地区内の居住者および当該地区に事業所を有する事業者が共同して行う防災訓練、地区居住者等による防災活動に必要な物資および資材の備蓄、災害が発生した場合における地区居住者等の相互の支援その他の当該地区における防災活動に関する計画」について、「地区防災計画」が策定できることになりました。今後のこの条文の積極的活用が期待されます。

第4に、災害応急対策と同様に、復興もそれぞれの被災地の個性に合わせた形で、基礎自治体である市町村が主体にならなければならない必然性があります。「創造的復興」の名のもとに惨事便乗型の復興を進めるのではなく、地域の住民の意を充分に反映した復興計画およびその実施が求められます。そこでは、より小規模に、そしてよりていねいな対応が行政に求められます。この点で、――これは法制度上は復興ではなく災害救助の分野に分類されるのですが――たとえば岩手県住田町に地元の木材で地元の大工により建てられた木造仮設住宅は、自治体の工夫として高く評価されるものと思います。この方法は元来、町の法的工夫の成果が、災害救助法上の「応急仮設住宅」として採用されたものです。

津波防災の教育実践論
――大川小学校の〝悲劇〟・釜石の〝奇跡〟に学ぶ――

近藤　真庸

はじめに――津波防災教育のねらい

私は、〈いのちと人権〉の教育学の立場から、子どもの健康・安全にかかわる市民的教養の形成（教育内容と教育方法）について研究をしているものです。とくに「3・11」以降は、津波防災についても、幼稚園児から小・中・高校生とその親を対象にお話をしてきました。

今日のシンポジウムでのこれまでの演者の方々のお話を聴いて、私が改めて感じたことは、〈どんなに世界中の科学者の英知を結集しても、津波は止められないのだ〉という当たり前の事実でした。

では、津波にどう対処したらよいのか？　方法は、〈戦う〉か、それとも〈逃げる〉かのいずれかの選択となります。

仮に、津波に対して〈戦う〉という方法を選択するとして、巨大な防潮堤を建設したとしましょう。「防潮堤があるから大丈夫だ」と安心して避難しないで、もし津波が防潮堤を越えてきたらどうでしょう。確実に住民の命は奪われます。

住民の命を守る、一番確実な方法は何か？
正解は、とにかく**〈逃げる〉**。「一刻も早く、海を背にして高台に向かって全力で逃げる」ということです。津波防災教育のねらいは、〈逃げる〉という意識をどうしたら人々にもってもらえるようにするかということに尽きると、私は考えています。

大川小学校の〝悲劇〟に学ぶ

——「集団行動」型避難の限界

ここに一枚の集合写真（省略）があります。２０１０年４月に、宮城県石巻市立大川小学校の入学式の日に撮影された教職員13人の記念写真です。この11ヵ月後である「２０１１年３月11日」以降に生きている方は３人しかいません。

亡くなられた10人の教職員の中に「佐々木祐一」という教員（当時・３年生の担任）がいます。享年57歳。大学院で一緒に勉強した私の親友です。修了後、地元宮城の小学校に赴任して30数年、最後の赴任地となった大川小学校をとても気に入っていたそうです。海から約４㎞離れた場所にあった２階建ての校舎、そこから僅か５００ｍの地点で彼は教え子と一緒に津波に命を奪われたのでした（**写真①②③**）。

彼を含む10名の教員は、教え子の命を守れなかったのです。

①

②

さぞかし無念であったことでしょう。

〝死者をして語らしめよ〟という言葉があります。生き残った方々から体験の聞き取りはできても、亡くなった方々からはできません。しかし、想像することは可能です。亡くなった方々の声なき声に耳を傾け、二度と同じ悲劇をくり返さないよう、大川小学校の事件から私たちはしっかりと学ばなければなりません。

一つは、学校での避難訓練のあり方についてです。

現在、学校で行われている防災訓練は、点呼・整列とそれによる規律・統制に重点を置く「集団行動」型避難と特徴づけることができます。大川小学校も例外ではありませんでした。

私は、「3・11」以降、何度か現場を訪れ、大川小学校の周辺を歩いてみました。事件当日の様子を伝える証言（記事）も可能な限り目を通しました。その時聞こえたような気がしたのです。「私たちが行っていた『集団行動』型避難では、子どもの命を守ることはできませんでした。被害を拡大するものでした。どうか同じ悲劇をくり返さないために、改めてください。そのことをみなさんに知らせてください」と語る、亡くなられた先生たちの声でした。

大川小学校のニュースをご存知の方もおられるかもしれませんが、簡単に説明します。大きな揺れが起きた時、学校はまだ授業中でした。揺れがおさまると、子どもは次々と教室を出て、いつも避難訓練でやっている通り、校庭に集まり、先生は点呼を始めました。学校長は不在でしたが、先生たちは力を合わせ

③

てマニュアル通りに遂行したそうです。

そうこうしているうちに、近隣の住民が避難所に指定されているこの小学校に集まってきます。親たちも子どもを引き取るために次々とやってきます。「引き渡し」もまた、マニュアルに記された避難訓練の一環（というより〝仕上げ〟）でした。

本人確認に手間取っているうちに避難者も増え、校庭は300人くらいの人々で膨れあがり、いろいろな情報が飛び交いはじめ、不穏な空気に包まれます。

集団行動ですから、子どもたちみんなを落ち着いて行動させなくてはなりません。この時点では先生たちに焦りはなかったようです。

1時間後には津波が襲ってくるというのに、なぜ先生たちがこんなに冷静でいられたかといえば、津波に対する危機管理意識に欠けていたからだと私は推察しています。海から4㎞の場所に位置する大川小学校は、1年前に襲ったチリ地震の時には、津波の被害に遭っていませんでした。その体験が、「ここは大丈夫だ。津波は来ない」という意識を先生たちだけでなく近隣住民に作り出してしまったことは否めないでしょう。

大川小学校では、マニュアルに忠実に、誰一人置いてきぼりにしないように何度も点呼をし、「引き渡し」で抜けた子ども以外全員がいることを確認してから避難するという手順を踏みました。約50分の時間を要したといいます。そして整列し、集団で避難を始めてから僅か数分後、海と川の2方向から襲いかかってきた津波によって命を奪われたのです。

10mの津波というのは、海底が10mせり上がり、その分の海水が壁のように無尽蔵にどんどん押し寄せてくるということですから、どんなに身長が高くても一瞬にして飲み込まれます。助かる方法は一つしかありません。〈10mよりも高い所に逃げること〉――　これだけです。

津波防災教育に求められるのは、「東日本大震災では、津波より高い所にいた人は助かったけれど、低い所にいた方は亡くなられた」という、このシンプルな事実を伝え、30年以内に確実にやってくるといわれている大地震の〝その日、その時〟に、「一刻も早く、海を背にして高台に向かって全力で逃げる」ことができるように今から準備させることなのです。津波発生のメカニズムを学習させるよりも、自分の命を守るために〈逃げる〉訓練をくり返しやってみることが肝心なのです。

釜石の〝奇跡〟に学ぶ——「避難3原則」に基づく津波防災教育

あの日、生き延びた子どもたちがいました。「釜石の〝奇跡〟」と呼ばれた〝快挙〟をやってのけた釜石の小・中学生です。〝その日、その時〟のために、〈逃げる〉訓練をしてきた子どもたちだったのです。

釜石では、日頃から子どもたちに、「敵は〈自然〉ではなく〈自分自身〉なのだ」ということを意識させ、自分で判断し行動すること＝〈自分のいのちを守る〉ことの主体性を、日常の訓練を通して徹底的に体に刻み込むことを重視してきたといいます。早くから「集団行動」型の避難訓練、「知識伝達」型の津波防災教育の限界を自覚し、シンプルな原理・原則に基づいた避難訓練のあり方を模索していたのです。

その結果、釜石では小中学校14校に約３０００人の子どもたちがいましたが、欠席して自宅にいたなどの５人を除いて全員が生き延びました。釜石の子どもたちは言います。「釜石の〝奇跡〟じゃなくて〝必然〟なんだ」と。たしかに、子どもたちは日頃の訓練を通してからだに刻み込んだ通り、〝てんでんばらばらに逃げる〟ことを実践したにすぎません。

たとえば、釜石東中学校では、震災当日はたまたま校長が不在でしたが、〝その日、その時〟すばやく「逃げろ」と叫んだのは、教頭ではなく一般の教員だったそうです。これに真っ先に応じたのが、本来なら闘争精神旺盛で逃げることをよしとしなさそうなサッカー部員でした。足が速かったこともあって、いの一番に逃げたそうで、この生徒たちにつられる形でほかの生徒たちも、そしてすでに校舎屋上への避難を完了していた近隣の小学生も後に続きます。こうして、街の人たちの多くが懸命に〈逃げる〉行動をとることで生き延びることができたのです。

　津波発生を想定した避難訓練を、釜石の子どもたちに指導してこられたのが、群馬大学教授の片田敏孝先生です。教育学が専門でない片田先生が、**「避難3原則」**というシンプルな原理を打ち立て、それに基づいて、釜石の子どもたちが見事にその有効性を証明したような津波防災教育を実践してこられたことに対して、私はたいへん驚きました。

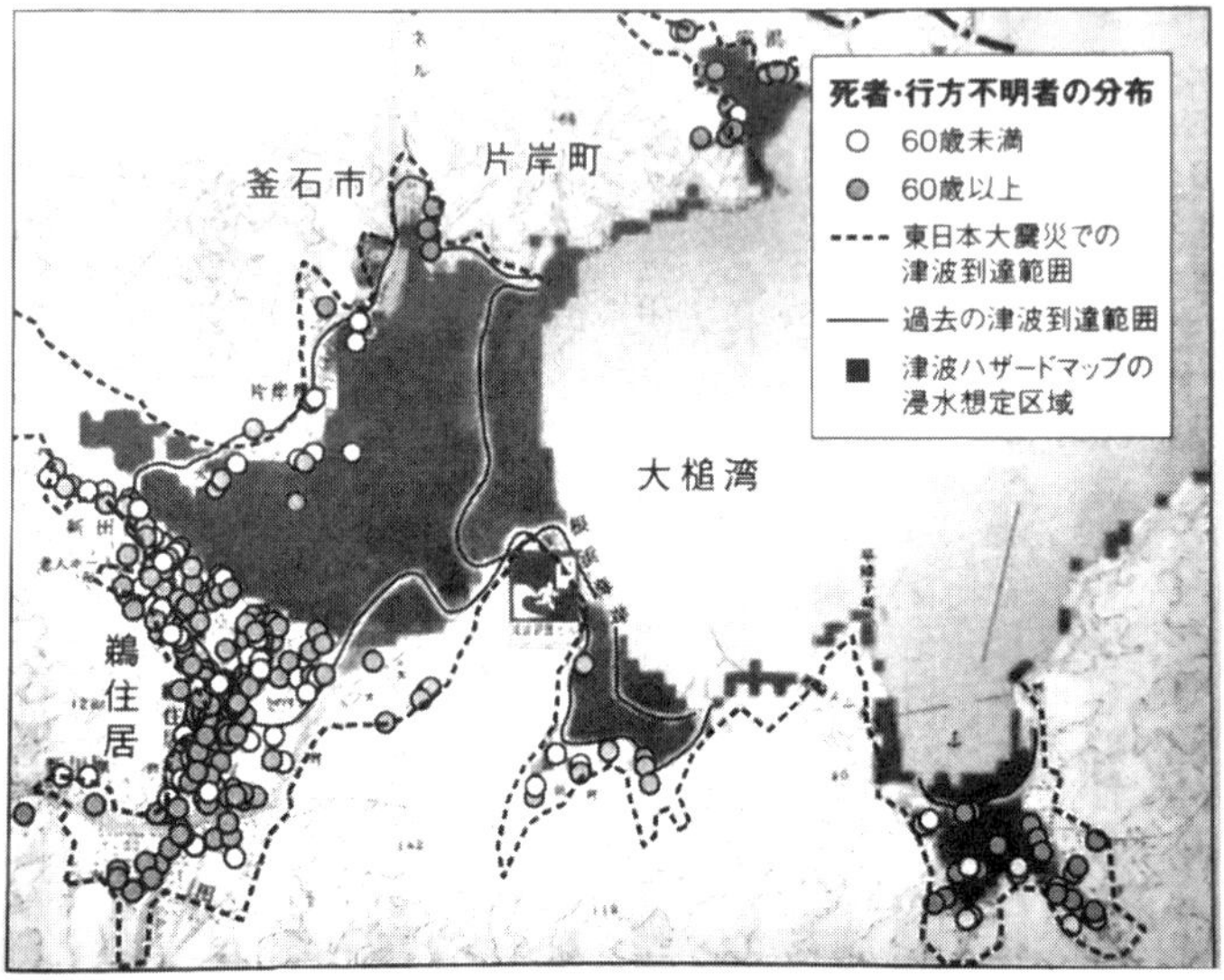

図1

「避難3原則」の一つ目は**「想定にとらわれるな」**です。

たとえば、ハザードマップというのをいろいろな自治体が作っています。たしかに、行政にとっては施策を立てる上でハザードマップを作成することは大事なことですが、これを住民が受け取った時にどうするかといいますと、たいていの人は、地図上に自宅を探し、「安全」とわかると安心します。そこで終わってしまいます。

釜石にもハザードマップがありました。津波の危険域とされていた場所に住んでいた方々はみなさん逃げて生き延びましたが、その周辺のギリギリ安全域とされていた場所に住んでいた方で亡くなるケースが多いことがわかりました。安全と思い込んで逃げていなかったのです。まさに「想定外」だったのです（図1）。

私の講演では、片田先生に学んで、「揺れるということは津波が来るんだ。想定にとらわれないで、最大限の津波が来ると思って、揺れたら即逃げろ」ということだけをシンプルに伝えるようにしています。

では、どこへ逃げるか？　基本は「海を背にして高い所に一直線に、全速力で逃げなさい」と。大川小学校の子どもたちはどうだったのでしょう。海を背にして逃げていません。校舎の裏には山があったにもかかわらず……。「なぜこの裏山に登らなかったのか？」と子どもの命を奪われた親たちがそれを悔やむのは当然です。

では、教員はなぜ、裏山への避難を選択しなかったのか？

「ここまで津波は来ない」という想定にとらわれていたことに根本的な原因があったのではないか、というのが私の分析です。私もその裏山を見てきましたが、手すりや階段はもちろんなく、道も整備されていませんでした。当日は雪も残っている状態だったそうで、たしかに子どもたちが登るには険しく、３００人あまりの人々（学校に避難してきた住民を含む）たちが待避するスペースはどこにもありませんでした。

「裏山には逃げられない」という判断を学校がしたとしても、その判断自体は間違っていなかったと私は思います。しかし、学校が「想定にとらわれる」ことなく、〝その日、その時〟に「一刻も早く、海を背にして高台に向かって全力で逃げる」ことができるように準備をする意識があったならば、低学年の子どもや高齢者住民でも裏山への迅速・安全な避難が可能となるよう道を整備し、待避スペースを設けることもできたのではないでしょうか。さらには、釜石の子どもたちのように、生き延びるための避難訓練をくり返し行っていたとしたら、犠牲者を限りなくゼロにできたはずです。

二つ目の原則として、片田先生は「ベストを尽くせ」とおっしゃっています。私も賛成です。ベストとは、〈最大級の津波が来ると思って、最大級の努力をする〉ということです。

残念ながら大川小学校の場合、校舎の裏に山がありながら、そこに登ることを選択できなかった。悔やんでも悔やみきれないご遺族の気持ち、とてもよくわかります。

裏山が一番高い場所だったわけです。であれば、誰もが迅速・安全に登れるように道を整備し、たとえ雨や大雪、強風で寒い時でも、誰一人として低体温症で命を落とすことにないように小屋を立てる必要があったはずです。何十年もの歳月と巨額を投じて防潮堤を作るよりも、はるかに現実的でリーズナブルです。そして、全速力で駆け上がる訓練をくり返し実施するのです。ベストが尽くされていなかったのが、残念ながら大川小学校の現実だったのです。

三つ目の原則は、「率先避難者たれ」です。この言葉を聞くと「自分だけ助かればいいという人間を育てていいのか」と思われるかもしれませんが、先ほどの釜石の例でも触れたように、サッカー部員が逃げてくれたからこそ、みんなも逃げ出せたのです。

〈揺れが起きたらとにかく逃げる人を何人作れるか〉が、住民の命を津波から守るキーポイントです。「逃げる人は卑怯だ」というイメージは変えなくてはいけない。今この会場におられる方には、ぜひとも〝真っ先に逃げる人〟になってほしいと思います。

ちなみに、片田先生が『人が死なない防災』（集英社新書、２０１２年）で紹介されていましたが、２００３年に気仙沼で大きな地震があった際、〝津波が来ると言われても逃げなかった人〟が多数いたそうです。〝逃げた人〟も含めて、「どういう状態だったら逃げたか」という問いに「近所の人が逃げたから」「呼びかけがあれば逃げた」という回答が70％近くを占めたそうです（図２）。

ところで、「情報収集」の重要性がしばしば指摘されます。しかし、そこにも落とし穴が潜んでいることを知っておく必要があります。

たとえば、釜石では当初３ｍの津波という情報が流れたそうですが、その後の６ｍ、10ｍとなった情報は、停電のため届いていなかった住民もいたようです。また、どうして

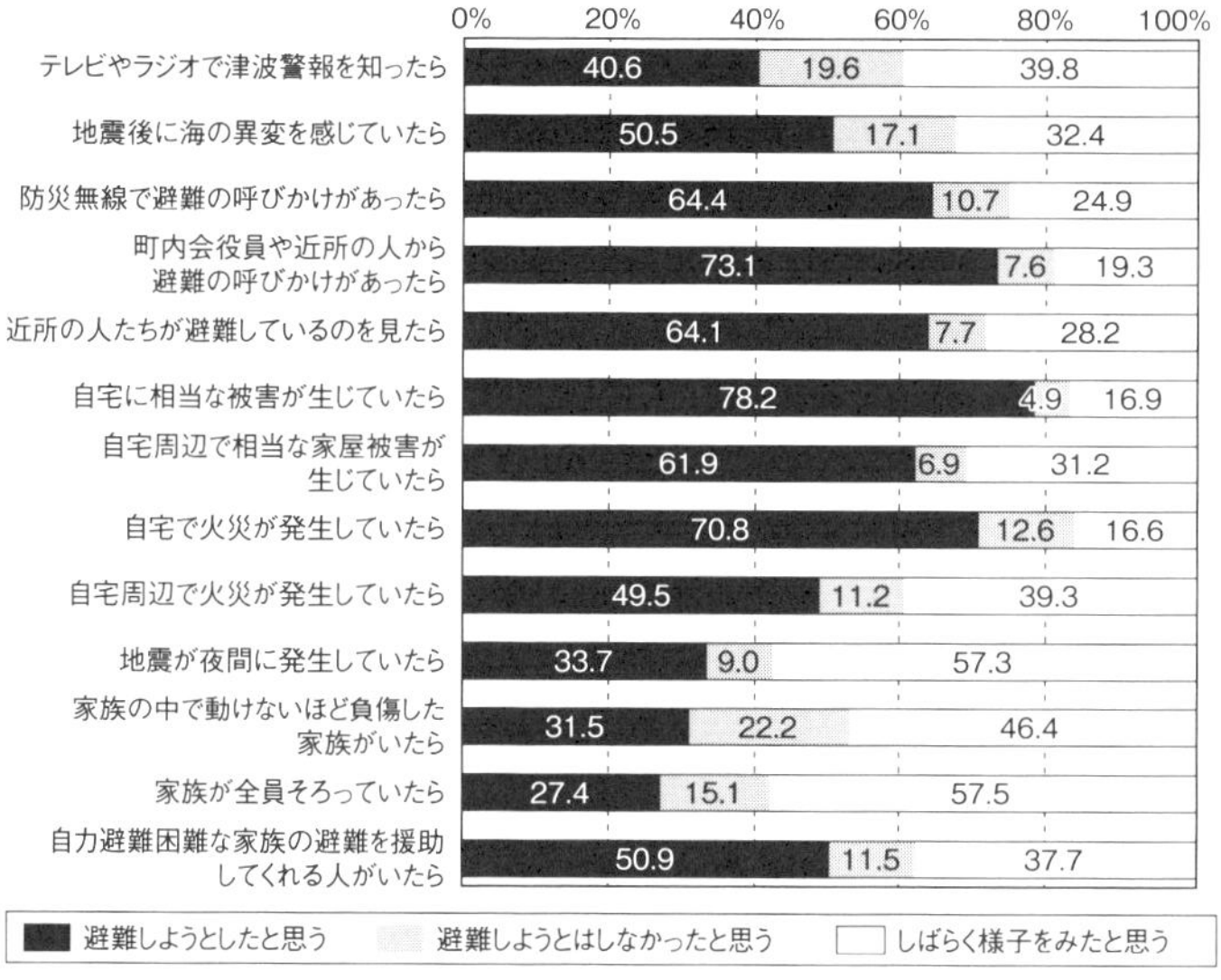

図２

も私たちは「大丈夫だ」と思いたくて、安心材料となる情報を探してしまいがちです。「過信」を生み出すような「津波予報」なら必要ない、と私は思っています。

とにかく、「想定にとらわれず、揺れたらとにかくベストを尽くして逃げる」。しかし、大人はなかなか逃げようとしてはくれません。だから釜石では、率先避難者として小・中学生に期待したのです。そして、見事、釜石の子どもたちはその役割を果たしてくれたのでした。「避難3原則」に基づいて、どうしたら逃げる人を作ることができるか。

たとえば、地震発生から20分で最大17mの津波到達が予測される三重県尾鷲市については、群馬大学の片田研究室でシミュレーションができていまして、津波発生の情報を聞いてから何分以内に逃げれば生き延びられるかわかるようになっています。分刻みに短縮していくとそれにつれ犠牲者数は減っていきます。犠牲者がゼロになるまでの経過をパソコンやDVDで学べる環境を作って子どもたちに提供することで、〈生き延びるためには、1分1秒でも早く逃げるべきだ〉という意識を身につけてもらうことに力をいれているそうです。

おわりに――〝恵みの海〟と共に生きる者の〝作法〟

確かに、海は突然自分たちに災害を与えることがあります。しかし、〝津波は嫌いでも海は嫌いにならないで〟って、AKB48じゃないですけど、海の近くで暮らす人々が大人も子どもも、恵みをもたらしてくれる海が嫌いにならないように、〝その日、その時〟に備えるような津波防災教育をすることが必要なのではないでしょうか。

最後に、〝恵みの海〟と共に生きる者としての〝作法〟を、あらためて整理しておきます。

①〈最優先課題〉は、「自分が死なないこと」です。

想定にとらわれて、逃げずに命を落とした人、諦めて逃げなかった人もいます。ハザードマップ（浸水想定区域）を信じるな。逃げよ、ベストを尽くせ！

その意思を親たちにくり返し伝えなさい。それが、親や他人の命を守ることになります。

②地震・津波は「教師・親・友だち」がいる時に起こるとは限りません。

たとえば、家族の誕生日を〝津波から命を守る日〟と決めるのです。放課後、現在地から津波想定自主避難のタイムトライヤルを！　未明、深夜は、家族全員参加で行動しよう！　まず自分、そして家族、さらには近隣の住人。地域をも巻き込むことができるかもしれません。

③「助ける人」になりたければ、「まず、あなたが生きなさい」。

「人を助ける」ことができるのは、「自分の命を守れる」人だけです。そのために必要なスキル・マナーを身につけておきなさい。それなしに、人を助けることなどできません。

巨大津波は100年に1回、つまり、人が生きているうちに1回あるかないかの事件なのです。だからこそ、その1回を逃げられるかどうか。せめて〝その日、その時〟だけ〝逃げる〟ことができるようにしておくこと。それが〝恵みの海〟と共に生きる者の〝作法〟なのではないでしょうか。

当たり前のことですが、子どもはいつも学校にいるわけではありません。また、津波は授業中に襲うとは限りません。だから、津波防災教育は、たった一人でいても、自分で判断し、自分で行動する力を育てることをめざさなくてはならないのです。

10年後、20年後に子どもが親になった時に、自分の子どもたちや孫たちにこう伝えてくれる人間を育てたいのです。「とにかく自分で逃げろ。父ちゃんや母ちゃん、爺ちゃんや婆ちゃんも、ちゃんと逃げるから心配するな」と。それに対して、こう応える子どもを育てるのです。「ぼくは率先避難者になるから、家には戻らない。高い所にいるから、生き延びることができたら、その時ぼくを探してほしい」と。

ちなみに、釜石小学校の子どもたちの〝その日、その時〟は放課後でした。海釣りをしていたり、ゲームセンターにいたり、買い物をしに街を歩いていたりと個々バラバラにいながら、全員が生き延びたのです。それを可能にしたのが、「避難3原則」というシンプルな原理に基づく避難訓練だったのです。

「避難3原則」の有効性を確信した釜石の子どもたちは今、「この体験と教訓を全国に発信したい」ということで、自らDVDを作って各地の津波の被害に遭いそうな地域の人たちにメッセージを送る活動をしています。

私も、こうした釜石の子どもたちと連帯して、「避難3原則」に基づく津波防災教育の実践に取り組んでいくつもりです。

来週は、伊豆へ講演に行きます。地区の健康推進委員の方々が対象です。

巨額の税金と長い年月を使って巨大な防潮堤を作っても、完成しない前に津波が来たら何の役にも立ちません。たとえ間に合ったとしても、防潮堤があることに安心して逃げなかったら、想定を超える津波が襲った時は命を守れません。

冒頭で申し上げたことを、もう一度言います。

津波から命を守る、最も確実な方法は、〈逃げる〉。「一刻も早く、海を背にして高台に向かって全力で逃げる」ということです。

そして、何としても生きて、生き延びて再会するのです。〝恵みの海〟と共に生きる喜びを分かち合うのです。そんなロマンのある津波防災教育を、私はこれからも続けていきたいと思っています。ご清聴、ありがとうございました。

（了）


［注記］本稿に掲載した「写真（①～③）」は、２０１１年9月23日に筆者が撮影したものです。また、「図１」「図２」は、片田敏孝『人が死なない防災』（集英社新書、２０１２年）の48頁、１７８頁から、それぞれ転載させていただきました。

日本科学者会議 2013 年度 東海地区シンポジウム（4月20日開催）

「南海トラフの巨大地震にどう備えるか」

参加者から当日のアンケートに寄せられた感想（一部）

- これから確実にくる巨大災害について、如何に対処すべきか、日頃関心を深めているところですが、本日のシンポジウムでは各面からの専門家の御意見等を伺い、大変勉強になり、今後に活かしていきたいと思っています。（男性　82 歳）
- 東日本大震災後に現実に何が起きているかという、綱島不二雄氏のお話は大変興味深かった。近藤氏の話からは、起きたらどうするかを、本当にきちんと、考えないといけないという気持ちになった。（男性　62 歳）
- 既成組織、経済界、財界、大企業、電力会社などにとらわれない内容で、面白い、違った視点で聞かせていただいた。近藤先生の「津波防災」は感動しました。片田先生より話し方がじょうずでした。（男性　65 歳）
- 一般参加者として、前田先生のお話を、もっとじっくりと伺いたいと感じました。（男性　47 歳）
- 自治体による防災のアプローチは、今自分がとくに興味ある分野である。今後、自分の将来を決める大きな指針の一つとなるだろう。良い資料と良い講義だった。近藤先生の講義は 自分の中で衝撃的だった。今までずっと言われてきた「集団行動」を全否定されることで、防災･防災教育の新しい見方を切り開くことができた気がする。（女性　19 歳）
- 大変勉強になるシンポジウムでした。とくに最後の近藤先生のお話は大変よかったと思います。研究者と住民を対象にしたシンポジウムでは近藤さんのような講演が必要だと思います。シンポ大成功。（男性　69 歳）
- 巨大地震をおそれすぎても軽視しすぎてもいけない。必要なのは、個人の減災努力と地域の住民のつながりと減災対策であることを改めて思った。被災地の復興に向けた課題や自治体・国に求めるべき施策は理解できたが、われわれのできる支援は何があるのか問い続けていきたい。地域防災計画が、自分の居住する地域でどうなっているか実は知らない。知らされていないというより、知る努力もあまりしていなかったのを反省している。（男性　64 歳）
- とても為になりました。学校で生かします。（女性　52 歳）
- 知人に誘われ……十年ぶりに講義を聴きました。改めて自然災害に向きあわなければと思いました。（女性　64 歳）
- 大変勉強になった。特に宮城の現地の方の話は説得力があった。（男性　42 歳）
- いろいろな課題を総合的にとりあげてもらって勉強になった。どうしたらよいかの答えはまだわかった気がしないが……とくに コミュニティの崩壊している都市域で住民の協力体制をどうやって構築するのか？（男性　77 歳）

◉執筆者

古本　宗充（ふるもと　むねよし）
1951年生まれ　名古屋大学大学院環境学研究科教授　地震学・地球物理学
著書『地震と津波――メカニズムと備え』（共著、本の泉社、2012）ほか

綱島　不二雄（つなしま　ふじお）
1939年生まれ　元山形大学教授　農業経済学
日本科学者会議東日本大震災特別研究委員会委員
東日本大震災復旧・復興支援みやぎ県民センター代表世話人

林　　弘文（はやし　ひろふみ）
1936年生まれ　静岡大学名誉教授　環境物理
著書『地球環境の物理学』（共立出版、2000）ほか

前田　定孝（まえだ　さだたか）
1963年生まれ　三重大学人文学部准教授　行政法学
論文「協定による行政（上・下）」『三重大学法経論叢』30巻1－2号（2013）など

近藤　真庸（こんどう　まさのぶ）
1954年生まれ　岐阜大学地域科学部教授　健康教育論
著書『保健授業づくり実践論』（単著、大修館書店、1997）ほか

◉編集責任者

牛田　憲行（うしだ　のりゆき）
1945年生まれ　愛知教育大学名誉教授　物理学
『日本の科学者』第49期 編集委員長
著書『地震と津波――メカニズムと備え』（共著、本の泉社、2012）ほか

南海《なんかい》トラフの巨大地震《きょだいじしん》にどう備《そな》えるか

2013年10月31日　初版第1刷発行

編　者●日本科学者会議《にほんかがくしゃかいぎ》
発行者●比留川 洋
発行所●株式会社 本の泉社

〒113-0033　東京都文京区本郷2-25-6
TEL：03-5800-8494　FAX：03-5800-5353
http://www.honnoizumi.co.jp

印　刷●音羽印刷株式会社
製　本●株式会社村上製本所

ISBN978-4-7807-1124-0 C0036